衡水市政协重大项目"董仲舒思想干部读本"（201　　　　）

国家社会科学基金重大项目"董仲舒传世文献考辨与历代注疏研究"
（19ZDA027）

国家社会科学基金项目"董仲舒学术史研究"（19BZX051）

河北省教育厅人文社会科学研究重大课题攻关项目"董仲舒思想及其
现实意义研究"（ZD202125）

河北省社会科学发展研究课题"人类命运共同体视域下董仲舒理政思
想传播研究"（20200402007）

董仲舒思想通解

曹迎春　代春敏　编著

燕山大学出版社

·秦皇岛·

图书在版编目（CIP）数据

董仲舒思想通解 / 曹迎春，代春敏编著 .—秦皇岛：燕山大学出版社，2021.7
ISBN 978-7-5761-0206-2

Ⅰ.①董… Ⅱ.①曹… ②代… Ⅲ.①董仲舒（前 179- 前 104）—哲学思想—通俗读物 Ⅳ.① B234.55-49

中国版本图书馆 CIP 数据核字（2021）第 126069 号

董仲舒思想通解

曹迎春　代春敏　编著

出 版 人：陈　玉
责任编辑：王　宁
封面设计：方志强
出版发行：燕山大学出版社
　　　　　YANSHAN UNIVERSITY PRESS
地　　址：河北省秦皇岛市河北大街西段 438 号
邮政编码：066004
电　　话：0335-8387555
印　　刷：英格拉姆印刷(固安)有限公司
经　　销：全国新华书店

开　　本：889mm×1194mm 1/32　　印　张：7　　字　数：157 千字
版　　次：2021 年 7 月第 1 版　　印　次：2021 年 7 月第 1 次印刷
书　　号：ISBN 978-7-5761-0206-2
定　　价：27.00 元

本书编委会

编委会主任：牟景山

编委会副主任：孙智勇　魏彦红

编　　　委：曹迎春　代春敏　王文书　白立强

　　　　　　张　铭　乔彦贞　卫立冬　耿春红

　　　　　　李建明　崔明稳

序

衡水是一片深邃的土地，这里人文底蕴深厚、人文精神荟萃，素有"大儒之乡"的美誉。西汉大儒董仲舒通过"天人三策"，建言汉武帝，推动儒学由"诸子而成独尊"，由民间学说上升为国家意识形态。儒家思想是由孔子出发，从董子走来；衡水是大儒之乡，是儒学复兴之地。

董仲舒儒家思想极为丰富，集中体现在"仁民""爱物""尊儒""崇德""重教""正义""守信""尚和"等诸多范畴，涵盖了从自然界到人类社会、从治国理政到个人修养等各个方面，其思想精华已经深深融入华夏文化的血脉之中，是中华优秀传统文化的重要组成部分和宝贵精神财富。如：董子所阐发的"大一统"思想，使政治文化统一的观念深入人心；董子所推崇的"重民""安民""官不与民争利"等民本思想，与今天我们坚持的"以人民为中心"息息相通；董子提炼的传统社会核心价值观"仁义礼智信"，与今天我们倡导的家国情怀、责任担当乃至社会主义核心价值观一脉相承；董仲舒提倡的"天人合一""爱物""顺时"等思想，可以为今天建设社会主义生态文明，实施可持续发展提供启示。开展对董仲舒儒家思想的研究宣传普及，着力汲取其在治国理政、家国情怀、核心价值观、生态文明等方面的智慧，对于推动中华优秀传统文化的创造性转化、创新性发展，无疑具有十分重要的历史和现实意义。

作为董子故里，衡水市委、市政府始终坚定文化自信，把传承弘扬包括儒家思想在内的中华优秀传统文化，作为义不容辞的使命责任，作为跨越赶超的动力源泉，着力推动创造性转化、创新性发展。近年来，在推动董学研究、扩大董学影响方面做了大量工作。特别是自 2018 年以来，衡水市政协充分发挥"文史资政、经世致用"的职能作用，与衡水学院联合，先后成功举办了三届"中国·衡水董仲舒与儒家思想国际学术研讨会"和"董子杯"全国书法大展。"言必儒学，书即董子"，极大地弘扬了中华优秀传统文化和圣贤董子的思想，也为打造董子文化品牌创造了更多优势。

不忘历史才能开辟未来，善于继承才能善于创新。当前，衡水正站在新的起点上，建设经济强市、美丽衡水，既需要现代文明活水的注入，更需要优秀传统文化的支撑。为进一步推动董子文化传播普及，挖掘董子思想精髓对党员干部、社会大众进行教育，助力"文化衡水"建设，衡水市政协特委托衡水学院董子学院承办"董仲舒思想通俗读本"项目。经董子学院研究，决定由曹迎春、代春敏两位老师负责撰写。

如今，这本书就要和大家见面了。该书以习近平新时代中国特色社会主义思想为指导，坚持历史唯物主义立场，结合时代要求，用深入浅出的语言将董仲舒思想最核心的内容呈现出来，使之与现实文化相融相通，是一部思想性与可读性有机统一的文化普及作品。希望广大党员干部能够从中了解董仲舒思想的概要，尤其是能将董仲舒的修身、治国思想用于指导自己的生活、工作，汲取先贤智慧，塑造高尚品格，提高人文素养，增强治国理政的能力，助推"不忘初心、牢记使命"走深、走实、走远。

是为序。

河北省董仲舒研究会会长
衡水学院董子学院教授
李奎良
2021 年 2 月 5 日

前　言

西汉大儒董仲舒上承春秋之孔子，下启南宋之朱熹，是儒学思想史上里程碑式的人物。他使儒学由一家而融汇百家，由诸子而成独尊，奠定了儒家学说在中国传统文化中的主干地位，深刻影响了此后两千多年中国传统社会的政治结构和文化走向，可以说是"成就儒学千秋业，开辟太平万世功"。对这样一位重要历史人物进行深入研究、宣传普及，无疑是一项非常重要的、有意义的文化工程。

不仅如此，挖掘整理董仲舒留下的这份宝贵思想遗产，也是我们后人之责、时代之需。党的十八大以来，习近平总书记高度重视中华优秀传统文化，并将其作为治国理政的重要思想文化资源，明确提出："要深入挖掘中华优秀传统文化蕴含的思想观念、人文精神、道德规范，结合时代要求继承创新，让中华文化展现出永久魅力和时代风采。"董仲舒思想蕴含着"讲仁爱、重民本、守诚信、崇正义、尚和合、求大同"的时代价值，是中华优秀传统文化最重要的组成部分之一，是一座值得不断开发的丰富宝藏。党的十九届五中全会着眼战略全局，对"十四五"时期文化建设作出部署：社会文明程度得到新提高，社会主义核心价值观深入人心，公共文化服务体系和文化产业体系更加健全，中华文化影响力进一步提升。董仲舒思想对这些目标的实现都有很好的借鉴价值和启发意义。

为了使党员干部、社会大众能够更好地了解先贤智慧，读史明理，鉴古知今，加深乡土感情，提高工作能力，特编写此书，围绕董仲舒的"一生经历、五种著述、十大思想、百句名言、千年评说"进行介绍，努力做到观点正确、通俗易懂。

"一生经历"部分主要以《史记·儒林列传》和《汉书·董仲舒传》为依据，梳理董仲舒治经、对策、为官、著述的一生。

"五种著述"部分主要介绍董仲舒的代表性著作《春秋繁露》、政论文《天人三策》、法律作品《春秋决狱》、文学作品《士不遇赋》，以及其他奏、书、对等。

"十大思想"部分重点分析董仲舒经学、哲学、政治、经济、伦理、法律、教化、生态、养生、美学等思想。

"百句名言"部分选择董仲舒著作中的一百句妙语名言进行翻译、赏析，在读通字词语句的基础上，进一步阐释其深层含义。

"千年评说"部分列举汉、唐、宋、元、明、清不同历史时期的重要历史人物对董仲舒的代表性评价，以及现当代学者对董仲舒历史地位和影响的评价。

通过这五个部分的内容，以期使读者对董仲舒有一个全面、概括的了解。该书充分汲取以往董学研究成果的营养，并将所参考书目列于书后。由于本书作者学识有限，对董仲舒著作的研究还不深入，所以难免有疏漏、误读之处，诚恳地希望读者批评指正！

目　录

【董仲舒思想通解】
DONG ZHONGSHU SIXIANG TONGJIE

第一章 一生经历

董仲舒大约出生于汉高祖九年（前198），卒于汉武帝太初元年（前104）。至于出生地，据《史记》记载，董仲舒为汉广川人。历史上"广川"辖区屡有变更，因此董子故里问题也多有分歧。一些曾名"广川"或者曾属"广川"之地，都尊奉董子为乡里先贤。光绪《畿辅通志》中就记载："德州、枣强、景州三处，郡名皆曰广川，祠祀董子。"但山东德州有广川之名，是汉代以后晋武帝时之事，枣强、景县才是汉广川之地，而且枣强旧县村、景县大董故庄都有后人为纪念董子留下的文物古迹。此外，据明朝周士选《重修董子祠堂记》载，今故城县董学村乃董子"下帷讲诵"之处。这三处地方近在咫尺，实为董子出生、求学、讲诵之早期活动地。景县、枣强、故城今均属河北省衡水市，因此衡水作为董子故里是毫无疑义的。

一个人的思想，与其生活经历密不可分，只有了解其生平，才能深知其思想。正如孟子所说："颂其诗，读其书，不知其人，可乎？"关于董仲舒的生平事迹，主要记载于《史记·儒林列传》和《汉书·董仲舒传》。依据这些史料，我们可以大致了解其治经、对策、为官、著述的一生。

一、治学为师

董仲舒年轻时研读儒家经典，最为精通《春秋》。我们都知道，《春秋》是"经"，解释经的叫"传"，现在有个成语"名不见经传"，就是说经里没有记载，传里也没有记载，不出名、没名气。解释《春秋》的重要的"传"有三部：《春秋左氏传》《公羊传》《谷梁传》。董仲舒研究的就是《公羊传》。所以，如果按照现代学科专业分类，董仲舒学的是儒学学科、《春秋》学专业，研究方向则是公羊学。

景帝年间（前157—前141年）董仲舒被征召为博士。"博士"这一称呼，早在战国之时便已出现。《史记·循吏列传》："公仪休者，鲁博士也。"熟悉《天人三策》的人，都不会对公仪休这个名字陌生。董仲舒曾经讲到他"拔葵去织""不与民争利"的故事。这个公仪休是战国时期的人，他是鲁国的博士，可见，战国时期已有"博士"的称呼，不过这时的博士乃是对博学之士的尊称，而非官职。到了秦朝，博士成为官职，职责是"掌通古今"，参加各种朝廷大议，做君主的咨询顾问。汉代，儒生在博士中的比重有所增加。汉文帝时始置"一经博士"，也就是通一经者即可设博士。文、景之时，张生、晁错为《书》博士，辕固生、申公、韩婴为《诗》博士，胡母（húwù，复姓）生、董仲舒为《春秋》博士。不过，当时《易》与《礼》两经都还没有博士，直到汉武帝时才正式设立"五经博士"。汉代博士在年龄上有严格的限制，一般要求在五十岁以上。正因为博士都是年高德劭之人，所以史书中对于二十二岁就被召为博士的贾谊才会格外强调其年少天才。汉高祖年间出生的董仲舒，在景帝年间被征召为博士时，也已经五六十岁了。

汉朝的博士还有了"掌教弟子"的职责。已过"知天命"之年的《春秋》博士董仲舒，"下帷讲诵"，治学授徒。他让先入学的教后入学的、程度高的教程度低的，用这种教学方式培养出一大批优秀的学生。吕步舒、殷忠等，后来大都成为西汉王朝的重要管理人才，著名的史学家司马迁也曾求学于董仲舒。董仲舒的这种"传以久次相授业"的教育方法对后世影响很大，被东汉大儒马融等人所效仿。这种培养学生的方法，既能够扩大教育对象的规模，又有利于培养学生独立思考的能力，与十八世纪末十九世纪初英国人创立的"导生制"十分相似，但在时间上则早了近两千年。

"下帷""董帷""仲舒帷"等词更是从此成为读书生涯的代名词，在中国古典文学作品中广为运用。唐诗中就有"才雄子云笔，学广仲舒帷"（张说）、"草色凝陈榻，书声出董帷"（牟融）、"谁知不鸣者，独下董生帷"（朱湾）、"下帷如不倦，当解惜馀光"（骆宾王）、"奋迹登弘阁，摧心对董帷"（李商隐）等诗句。

董仲舒精心钻研学问，三年不窥园圃，给后人留下了"目不窥园"的成语典故。宋朝刘攽（fú）诗云："把书不释手，非志冕与轩。昔有董仲舒，三载不窥园。""下帷讲诵"和"目不窥园"突出的都是董仲舒的勤学专心。正是这样勤勉于学问，董仲舒真正做到了"学博为师"，而他又能够知行合一，进退、仪容、举止，尽守礼仪，真正做到了"德高为范"，因此当时的学士们都尊他为老师。不过，在推崇黄老思想的景帝朝，作为儒生的董仲舒始终处于政治权力的边缘。

二、贤良对策

董仲舒人生中最为重要的一件大事，便是在汉武帝举行的策问中通过三次对策脱颖而出。汉武帝即位后，下令荐举贤良、文学先后一百多位。"贤良"和"文学"是两项不同的选官科目，董仲舒作为贤良回答皇帝的策问，这就是著名的"贤良对策"。因为连续回答三次，阐述他的天人理论，所以又称"天人三策"。需要指出的是，汉武帝的策问和董仲舒的对策，不是在朝廷上面对面的对话，而是"咸以书对，著之于篇"，以书面的形式进行的。汉武帝为了让大家知无不言，无后顾之忧，他保证说"朕将亲览焉"。董仲舒的"天人三策"全文收录在《汉书·董仲舒传》中。他的《春秋繁露》这本书的思想，便是"天人三策"思想的展开与细化。

根据史书记载，汉武帝时期的贤良诏举举行了三次，分别是建元元年（前140）、元光元年（前134）、元光五年（前130）。公元前140年，十六岁的汉武帝登上皇位，当年便发布诏令，荐举贤良。在建元元年的这次贤良选举中，汉武帝根据丞相卫绾的建议，同意罢黜"治申、商、韩非、苏秦、张仪之言"者，这是武帝试图选举儒生，扭转黄老无为政治航向的一次尝试，但是这次尝试由于窦太后的干涉而以失败告终。第二年，御史大夫赵绾、郎中令王臧下狱自杀，丞相窦婴、太尉田蚡被罢免。汉武帝儒家化改革的第一回合宣告失败。

建元六年（前135）窦太后去世，武安侯田蚡任丞相，第二年即元光元年，武帝再次举贤良。在这次贤良对策中，武帝一问再问，董仲舒一答再答，通过天人关系的论述为汉武帝的内外事功提供理论依据，帮助汉武帝完成了治国指导思想的转变。

那么，在这三次对策中，汉武帝具体问了些什么问题？董仲舒又是如何回答的呢？

第一策：关于"世道盛衰"的问题。汉武帝问世道的盛衰到底是应归之于"天命"，还是应归之于"人事"。董仲舒明确回答，国家的治乱废兴不是由什么"天命"主宰的，而是由君王用人是否恰当，其政令措施是否符合正道决定的。汉武帝还问了"受命之符安在"以及"灾异何缘而起"的问题。因为即位以来，"受命"的祥瑞未曾出现，而灾异之事却频频发生，这让汉武帝很是困惑。董仲舒回答，作为"受命之符"的祥瑞是存在的，它来自上天，是上天要某人当王的表示。"灾异"现象也是上天对人的行为做出的反应。君王的行为会导致上天分别做出"祥瑞"或"灾异"的反应，因此君王应该正君心、立教化、实行更化。

第二策：关于"帝王之道"的问题。在政治方面，汉武帝问了君王应该"无为"还是"有为"的问题。董仲舒从分析舜的"无为"和周文王的"有为"入手，指出帝王治国的基本原则是一样的，但是有劳有逸，这主要是因为他们各自所处的环境不同造成的。在经济方面，汉武帝问了尚"俭"还是尚"文"的问题。董仲舒并不主张一味俭朴，而是主张应该依照礼法行事。在法律方面，汉武帝问了是否应该使用"刑罚"以治国的问题。董仲舒反对任用"刑罚"，主张施行"德教"。此外，汉武帝还问了为什么自己十分努力，却没有收获什么美好功德的原因。董仲舒也进行了细致分析和阐述，他认为原因有四：第一，"功不加于百姓"，也就是没能像过去的圣王那样以"仁爱之心"对待老百姓；第二，"求贤未获"，平时对贤士的培养不到位，应该"兴太学，置明师，以养天下之士"；第三，"长吏不明"，君主的仁德得不到宣扬，基层百姓感受不到恩泽；第四，"贤不肖浑淆"，现行官僚制度有问题，不能把真正优秀的人才选拔出来。

第三策：关于"天人古今"的问题。关于"天人"的问题，董仲舒提出天是"群物之祖"，人是"得天之灵"，天人之间可以相互感应，君主应该向天学习，谨承天意，爱民、养民、教化民。关于"古今"问题，董仲舒认为古代重德教，而今废弃德教；古代治理得好，而今问题很多。关于"先王之道"的问题，董仲舒提出"先王之道"经历千万代都不会有弊端，"王者"会一直沿袭这"道"，其原因就在于"道"是来源于"天"的。"先王之道"在细节上有一些差别，主要是因为各自所处的实际情况不同造成的。

汉武帝和董仲舒在一问一答中，相互激发，配合默契。董仲舒在《天人三策》中提出的很多思想被汉武帝所采纳，对汉代及以后的社会产生了深远的影响。

三、宦海浮沉

三次对策的突出表现并没有给董仲舒带来仕途的一帆风顺，相反，此后他却经历了两相骄王的胆战心惊，以及因言说灾异被算计下狱的宦海浮沉。

《汉书·董仲舒传》："对策毕，天子以仲舒为江都相，事易王。易王，帝兄，素骄，好勇。仲舒以礼义匡正，王敬重焉。"对策结束后，董仲舒被任命为江都易王刘非的国相。刘非乃景帝的程姬所生，吴楚七国之乱的时候，刚刚十五岁，是个有才能气概的少年，他上书请求攻打吴国，景帝便赐给他将军印，去攻打吴国。吴国攻破后，就把他徙封到江都，治理以前的吴国，还因战功赏赐给他天子旗。对于这位立有战功、喜好气力、热衷于招揽四方豪杰的年轻人，董仲舒尽职尽责予以辅佐教导。

作为汉王朝派到江都国的相，董仲舒的首要任务自然是政治监控，此外还负有统领王国百官、统摄王国政务以及匡正诸侯王的职责。易王刘非曾经向董仲舒询问：春秋时期的越王勾践以及辅佐其成就霸业的范蠡、文种是否可称得上越国的三个仁人？他甚至将自己比作春秋霸主齐桓公，将董仲舒比作贤相管仲。董仲舒语言委婉而态度坚决地表明了自己的看法：依靠诈谋攻伐而称霸的，绝不是"仁人"，真正的"仁人"是"正其谊不谋其利，明其道不计其功"的。易王刘非对这位道德学问都值得敬佩的仁厚长者十分尊重。《汉书》中还记载了董仲舒在江都国求雨、止雨之事，虽然荒诞怪异，但为国为民之心显露无遗。董仲舒在江都相的位置上大约六年的时间，后被贬为中大夫。

至于被贬的原因，因为史书未载，难以确知。但根据蛛丝马迹推测，应该是与易王刘非有关。元光年间（前134—前129年），匈奴大举入侵，好勇喜战的刘非马上请战，上书表示愿意攻打匈奴，武帝没有同意。或许是为了此事，董仲舒受到了牵连。因为作为诸侯国相，如监辅不善，王为不法，是一样要连坐获罪的。《汉书·王尊传》中就记载："东平王以至亲骄奢不奉法度，傅相连坐。"东平王不奉法度，于是他的太傅和国相都连坐受罚。

被贬为中大夫的董仲舒，从江都国回到都城长安，没想到却遭到同僚主父偃的致命一击。此时主父偃正受到武帝赏识，仕途高歌猛进，一年四次升迁，由郎中而谒者，由谒者而中郎，由中郎而中大夫。或许就在二人同为中大夫之时，发生了这场祸事。

事情还要从董仲舒对策前一年，也就是建元六年（前135）的辽东高庙、长陵高园殿灾说起。董仲舒最擅长的便是以灾异说天意，劝谏君主。他在家由这两处纪念汉高祖的标志性建筑的火灾之事展开推说，认为这是上天在向皇帝示警，建议皇帝严厉惩处那些远在诸侯国的不守规矩的亲戚，以及身边的腐败官员。但是写成的只是草稿，还没有呈递给皇上，就被来家中的主父偃看到了。主父偃很是嫉恨董仲舒的才华，于是把草稿偷走献给了武帝。武帝召集众位儒生，让大家传看评判。董仲舒的弟子吕步舒不知道这是自己老师所写，认为文中的观点太过荒谬愚蠢。武帝于是把董仲舒下狱，判处死罪。后来或许是因为看重董仲舒的才学又下诏赦免了他，但是董仲舒因为这一变故再也不敢言灾异逆龙鳞了。九死一生的董仲舒继续留任中大夫之职，这期间，武帝还诏使吾丘寿王跟从其学习《春秋》。

那位用卑劣手段谋害董仲舒的主父偃，很快便被另一位手段更为卑劣的公孙弘害死了。元朔二年（前127）主父偃被派到齐国做国相。齐王刘次景行为不端，被主父偃抓住了把柄，于是畏罪自杀了。这让武帝十分生气，想起此前赵王曾告发主父偃收受诸侯贿赂之事，于是认为齐王自杀定是主父偃威胁逼迫所致，便将主父偃下狱治罪。主父偃承认了收受贿赂之事，但是坚决否认威胁过齐王。武帝本来也没有想处死主父偃，可是此时公孙弘担任御史大夫，他就对武帝说："齐王自杀，没有后代，齐国废除为郡，归入朝廷，主父偃就是这事的罪魁祸首，陛下不诛杀主父偃，没法向天下人交代。"于是主父偃被灭族了。

司马迁曾经这样评价公孙弘："为人意忌，外宽内深。诸尝与弘有隙者，虽详与善，阴报其祸。"可知这是一个猜疑妒忌，外表宽容而内心狠毒之人，凡是和他有过节的，他表面上假装和他们相处得很好，暗地里却捅刀子来报复。而一向廉直的董仲舒便在不知不觉中得罪了公孙弘。公孙弘虽然也和董仲舒一样治《春秋》、学儒术，但他和董仲舒不一样的是，他以儒术为"缘饰"，而董仲舒以儒术为"生命"。公孙弘更善于以儒术去"合上意""求上悦""顺上旨"，从而位至公卿。董仲舒对于这样的人自然是看不上的，认为公孙弘阿谀奉承，公孙弘因此怀恨在心，推荐董仲舒去做胶西相，企图借刀杀人。

胶西王刘端与江都王刘非是一母同胞，都是景帝的程姬所生。他是一个狡诈、残忍、强横又诡计多端的家伙。如果中央派到胶西国的相遵奉汉法治理，刘端就搜罗其罪状上告，实在没有罪状的就用阴谋毒死。如果派来的相跟从他的节奏，那么就会被汉王朝绳之以法，所以胶西小国，被杀掉的二千石的相非常多。董仲舒被公孙弘推荐到这里来为相，左右都是死路，不是被胶西王杀掉，就是被汉王朝杀掉。所以尽管胶西王对他还算不错，董仲舒也不敢久留，以年老病弱为由请求致仕退休了。

虽然董仲舒做胶西相的时间不长，但他对胶西王产生了较大影响，这在胶西王刘端处理淮南王刘安案的态度上有所体现。元朔五年（前124），武帝召集诸侯王及列侯四十三人共同商讨对两位阴谋造反的诸侯王的惩罚。刘端以《春秋》中的一项原则为据，主张对刘安处以死刑。历史学家钱穆认为，这个建言是由董仲舒起草的。建言是不是由董仲舒起草的，没有确切证据，但是刘端引用的这个《春秋》原则，是只能在《公羊传》中找到的原则，因此，作为公羊学大师的董仲舒影响了刘端对淮南王案的处理意见，这一推测还是有一定依据的。

四、修学著书

退休之后的董仲舒，又一次回到长安，在家中专心修学著书。此外，还给汉王朝做顾问。朝廷如果有关于礼法方面的问题，就派使者和廷尉张汤到家里来咨询，董仲舒总是能给出清晰明确的应对解决办法。就这样，董仲舒度过了一生最为平静的最后十几年时光。

公元前104年，董仲舒"年老，以寿终于家"。至于董仲舒墓所在地，历来有三种说法：一种是说在长安西郊的下马陵，这是起源于唐代的说法。传说汉武帝经过这里时，为了表示对董仲舒的尊敬，特意下马步行，于是民间称这里为"下马陵"。一种是说在陕西兴平汉武帝茂陵东北侧的策村，这种说法起源于宋代，近年来学术界支持此说法者日益增多。还有一种"和平门城内董墓"说，这种说法起源于明朝，该墓应是在当时崇儒之风盛行的情况下修建的。

正如董仲舒在《士不遇赋》所说："孰若返身于素业兮，莫随世而轮转。虽矫情而获百利兮，复不如正心而归一善。"不如回到做学问的事业上，不要再随着社会形势的起伏而轮转。即便是改变了本性就能获得百利，仍不如端正心意集中到某一有益的事业上来。且不管这是他屡屡碰壁后的无奈，还是郁郁失意时的顿悟，但正是因为其"正心而归一善"，才没有将有限的生命浪费到无谓的事情上去，也才真正地成就了自己，铸就了属于自己的"永恒"。

时间之流转瞬即逝，荣华富贵过眼云烟。不管是主父偃还是公孙弘，当时的风光岂是怀才不遇的董仲舒所能企及的？可是真的是"当时则荣，没则已焉"，生命结束，一切清零，当年叱咤风云、呼风唤雨的人物早已被历史的尘埃湮没，而董仲舒的思想却影响了后世两千余年，在我们每一个中国人身上留下了他的"文化基因"。

第二章　五种著述

　　《汉书·董仲舒传》中说，董仲舒的著述都是阐明儒家经学意旨的，加上奏疏教令，总共有一百二十三篇。此外，还有数十篇，如《闻举》《玉杯》《蕃露》《清明》《竹林》之类解说《春秋》经的文章，大约也有十余万字流传于后世。可见，董仲舒的著述在当时的数量比流传于今的要多得多，其著述在历史上有严重的散佚。

　　董仲舒的著述，今天所能看到的，除了《春秋繁露》外，还有：《汉书》本传中收录的《天人三策》，《食货志》中所载的《限民名田说》《说武帝使关中民种麦》，《五行志》所载《庙殿火灾对》，《匈奴传》所载《论御匈奴》；《太平御览》和《玉函山房辑佚书》等处所录《春秋决狱》，以及《四库全书》中的《古文苑》收录的《士不遇赋》《雨雹对》《郊事对》《诣丞相公孙弘记室书》等。

　　我们将其大致分为五类：（一）代表著作《春秋繁露》；（二）政论文《天人三策》；（三）法律作品《春秋决狱》；（四）文学作品《士不遇赋》；（五）其他奏章、书信、对话记录等。这些都是董仲舒留给后世的宝贵精神财富，是我们今天研究董仲舒思想的根本依据。

一、《春秋繁露》

《春秋繁露》一书是由后人汇编董仲舒的著作而成。《汉书·艺文志》的著录中并没有《春秋繁露》的书目，但是到了《隋书·经籍志一》那里，就明确著录了："《春秋繁露》十七卷，汉胶西相董仲舒撰。"其卷数与今天所见《春秋繁露》的卷数相吻合。从此以后，历代正史的《经籍志》或《艺文志》以及有关公私目录书都有著录。

顾名思义，《春秋繁露》是对《春秋》大义的一种解释和发挥。至于"繁露"，南宋《馆阁书目》说这是以篇名为书名，"繁露"本来指帝王头戴的冕冠上垂悬的珠玉，用珠玉连贯的样子比喻董仲舒对《春秋》的演绎。剑桥大学鲁惟一教授认为，不管其确切字意是什么，"繁露"一词可以理解为"装饰物"，或引申为"被激发的思想"。董仲舒是春秋公羊学大家，但他并不是根据年代顺序对《春秋》和《公羊传》之经传内容逐条进行解释，而是打乱年代顺序，按照某一主题将材料组合在一起，然后予以诠释，使之成为构建其哲学思想的素材。

从宋代开始，有学者怀疑《春秋繁露》一书的可信性。但是《四库全书总目提要》说："今观其文，虽未必全出仲舒，然中多根极理要之言，非后人所能依托也。"根据学者们的细致比对，《春秋繁露》中所体现的思想观点，与《汉书》本传所载《天人三策》基本一致，因此该书的真实可靠性是不必怀疑的。

现今我国保存最早的《春秋繁露》版本是嘉定四年（1211）江右计台本，这也是清代最重要的武英殿珍本的祖本。清代还有乾隆二十六年（1761）董天工的笺注本，嘉庆凌曙注本，清末苏舆的《春秋繁露义证》以及卢文昭的校本，另外还有谭献的手抄本《董子定本》等。

常见的《春秋繁露》今人注本有：钟肇鹏主编的《春秋繁露校释》（校补本）（河北人民出版社，2005年），张世亮、钟肇鹏、周桂钿译注的《春秋繁露》（中华书局，2012年），赖炎元注译的《春秋繁露今注今译》（台湾商务印书馆，1984年），袁长江主编的《董仲舒集》（学苑出版社，2003年）。

《春秋繁露》十七卷八十二篇（阙三篇），根据美国学者S.A.桂思卓的观点，可以分为解经编、礼制编、黄老编、阴阳编、五行编几个部分。

解经编，共有三十二篇，这些篇基本都是董仲舒注释《春秋公羊传》的内容。具体包括：《楚庄王第一》《玉杯第二》《竹林第三》《玉英第四》《精华第五》《王道第六》《灭国上第七》《灭国下第八》《随本消息第九》《盟会要第十》《正贯第十一》《十指第十二》《重政第十三》《服制像第十四》《二端第十五》《符瑞第十六》《俞序第十七》《三代改制质文第二十三》《官制象天第二十四》《尧舜不擅移汤武不专杀第二十五》《服制第二十六》《度制第二十七》《爵国第二十八》《仁义法第二十九》《必仁且智第三十》《身之养重于义第三十一》《对胶西王越大夫不得为仁第三十二》《观德第三十三》《奉本第三十四》《深察名号第三十五》《实性第三十六》《诸侯第三十七》。

黄老编，共有七篇，这些篇的关注点是统治术，且在阐发过程中融合了道家、墨家、法家等观点。具体包括：《离合根第十八》《立元神第十九》《保位权第二十》《考功名第二十一》《通国身第二十二》《循天之道第七十七》《天地之行第七十八》。

阴阳编，共有十九篇，以阴阳四时来阐述政治。具体包括：《为人者天第四十一》《阳尊阴卑第四十三》《王道通三第四十四》《天容第四十五》《天辨在人第四十六》《阴阳位第四十七》《阴阳终始第四十八》《阴阳义第四十九》《阴阳出入上下第五十》《天道无二第五十一》《暖燠常多第五十二》《基义第五十三》《四时之副第五十五》《人副天数第五十六》《同类相动第五十七》《威德所生第七十九》《如天之为第八十》《天地阴阳第八十一》《天道施第八十二》。

五行编，共有九篇，阐述了五行观念。具体包括：《五行对第三十八》《五行之义第四十二》《五行相生第五十八》《五行相胜第五十九》《五行顺逆第六十》《治水五行第六十一》《治乱五行第六十二》《五行变救第六十三》《五行五事第六十四》。五行编，历来争议最大，人们往往因为五行编的这九篇而否定《春秋繁露》整本书的真实性和可靠性。

礼制编，共有十二篇，探讨《春秋》所载的各种礼制。具体包括：《郊语第六十五》《郊义第六十六》《郊祭第六十七》《四祭第六十八》《郊祀第六十九》《顺命第七十》《郊事对第七十一》《执贽第七十二》《山川颂第七十三》《求雨第七十四》《止雨第七十五》《祭义第七十六》。

二、《天人三策》

《天人三策》是董仲舒应答汉武帝策问之作。元光元年（前134）汉武帝诏策贤良，董仲舒参与了这次对策，并且三次回答了汉武帝的策问，对策内容全文被班固收录于《汉书·董仲舒传》当中。

汉武帝在策问中提出了几个重大问题：关于"世道盛衰"的问题，关于"帝王之道"的问题，关于"天人古今"的问题。董仲舒在对策中提出了一系列重要的思想，如"道之大原出于天，天不变，道亦不变""治乱废兴在于己，非天降命不可得反""天人感应""正君心""任德教而弃刑罚""兴太学，置明师，以养天下之士""举贤才""不与民争利""大一统"等。董仲舒的对策得到了汉武帝的赞赏，很多思想主张落地为政治实践。如董仲舒在第二策中提出了"兴太学"的思想，而《汉书·董仲舒传》里说："立学校之官，州郡举茂材孝廉，皆自仲舒发之。"可见，董仲舒的这一思想在当时就得到了实现。还有，他提出的"诸不在六艺之科、孔子之术者，皆绝其道"的"大一统"思想也对整个中国封建社会产生了重要的影响。

董仲舒的《天人三策》，从思想和制度层面解答了汉武帝当政所面临的问题，对如何治理国家作了理论性的阐述，从思想上为国家各项制度的确立奠定了基础，中国传统的治国之道也由此逐步确立。

此外，从文学的角度看，这篇文章也是一篇不输于《隆中对》的政论散文。它一改汉初政论文的纵横驰骋、锋芒毕露，而是以儒雅谦恭的态度，引经据典，侃侃论道，给人以醇厚典雅之感。

三、《春秋决狱》

《汉书·董仲舒传》说："仲舒在家，朝廷如有大议，使使者及廷尉张汤就其家问之，其对皆有明法。"将这些内容汇编成册，就是今天所说的《春秋决狱》。《后汉书·应劭传》对此叙述得更加具体，"故胶西相董仲舒老病致仕，朝廷每有政议，数遣廷尉张汤，亲至陋巷，问其得失，于是作《春秋决狱》二百三十二事，动以经对，言之详矣"，不但指出《春秋决狱》是董仲舒在回答张汤咨询的基础上所作，而且写明了所载案例的具体数目。

所谓"春秋决狱"，就是指除依据法、令断狱外，还可以直接引用儒家的《诗》《书》《易》《礼》《春秋》五部经典，特别是用《公羊春秋》的内容和语义作为判决案件的依据。《汉书·艺文志》录有《公羊董仲舒决狱》十六篇，即《春秋决狱》二百二十三事，这本书在宋代以前可能尚且有存。《隋书·经籍志》中称为《春秋决事》，《新唐书·艺文志》中称为《春秋决狱》，《崇文总目》中则称为《春秋决事比》，均为十卷。可惜原先丰富的案例都已经遗失殆尽，仅在一些类书、史书中还有些引述。清人马国翰对此做了大量的辑佚工作，收在《玉函山房辑佚书》中，被称为《春秋决事》，典型的只有五个。另外，黄奭在《汉学堂丛书》中辑佚收录了董仲舒《公羊》治狱六条。这六条是以经义折狱、礼法结合的典型，也是今天研究董仲舒法律思想的重要依据。

四、《士不遇赋》

《士不遇赋》是董仲舒晚年退休居家时所作的一篇文学作品，被收录在《艺文类聚》和《古文苑》中。此赋只有四百八十五个字，描述了汉代知识分子真实的生存状态和矛盾痛苦，体现了士人在大一统专制政治下普遍的不遇境况，是儒者之宗发出的盛世悲声。

在艺术形式上，《士不遇赋》仍保留着楚辞的痕迹，属于"骚体赋"；在情感抒发上，属于直抒胸臆型；在写作手法上，该赋最突出的特点就是引经据典，引《诗》《书》《礼》《易》《论语》《荀子》《吕氏春秋》等，用典有十六处之多；在人生境界上，该赋展现出醇正的儒者境界，让人能够真切地体会到董仲舒作为儒者的高尚人格与志趣。

五、其他（奏、书、对等）

1.《说武帝使关中民种麦》

载于《汉书·食货志》。在这篇奏章中，董仲舒以《春秋》重视麦和稻两种作物为由，劝说汉武帝让关中的老百姓增加隔年熟的麦子的种植，充分体现了董仲舒爱民、利民的民本思想。

2.《限民名田说》

载于《汉书·食货志》。这应该是董仲舒在元狩五年（前118）左右给汉武帝所上的一篇奏章。在这篇奏章中，董仲舒立足于现实，反思历史，指出了贫富两极分化的问题，描述了社会严重危机的状况，提出了盐铁皆归于民、薄赋敛、省徭役等一系列的建议，尤其是提出了解决土地兼并问题的办法——"限民名田"。

3.《论御匈奴》

载于《汉书·匈奴传》。这也应该是一篇给汉武帝所上的奏章，反映了董仲舒对解决匈奴问题的看法。董仲舒反对战争，他提出用金钱厚利、订立盟约、让单于的爱子来做人质的方法解决匈奴问题，从而让边塞城池中负责守卫的人们过上安定的日子。

4.《诣丞相公孙弘记室书》

载于《古文苑》。据学者推测，这封书信应该是写于元朔五年（前124），董仲舒赴任胶西相之前。在信中，董仲舒不但建议时任丞相的公孙弘开求贤之路、广选举之门，而且希望公孙弘能"思本仁义至诚"，重视吏治。

5.《庙殿火灾对》

载于《汉书·五行志上》。记载了董仲舒关于建元六年（前135）辽东高庙、高园便殿火灾之事的议论。董仲舒以《春秋》灾异为立论的根据，以言后世的灾异。他运用类比类推的方法，联系古今，指出：定哀之际的火灾与建元六年的火灾是同类之事；事为同类，则同类之事所蕴含的意义相同。因此，他认为建元六年的灾异所昭示的意义：表层意义是辽东高庙与高园便殿皆不当立，深层意义是诛杀远离正道的诸侯和近臣。

6.《雨雹对》

载于《古文苑》。记载了鲍敞和董仲舒关于元光元年七月京师雨雹一事的对话。董仲舒以阴阳二气论说风雨云雾雷电雪雹的产生，并且由此联系政事，指出圣人在上，就会阴阳和、风雨时；反之，就会阴阳不调，降下灾异。

7.《郊事对》

载于《古文苑》，也是《春秋繁露》中的一篇。郊事即郊天之事，是国家的重大事情。由于年代久远，汉武帝对郊礼的某些问题不太清楚，因此特派张汤咨询董仲舒。这篇文章记载了董仲舒根据公羊学理论，对郊礼的意义以及一些具体操作的细节问题所作的回答。

第三章　十大思想

　　董仲舒学说体大思精、系统完备，是一笔丰厚的历史文化遗产，其内涵之丰富、见解之卓越、体系之恢宏、论述之翔实，可谓异彩纷呈、美不胜收。下面，我们将重点介绍董仲舒经学、哲学、政治、经济、伦理、法律、教化、生态、养生、美学等"十大思想"。

一、经学思想

　　《史记·儒林列传》载："故汉兴至于五世之间，唯董仲舒名为明于《春秋》，其传公羊氏也。"董仲舒是汉代著名的春秋公羊学宗师，而且春秋公羊学在汉代的传承，大多出自董仲舒一系。董仲舒的《春秋繁露》发挥《春秋》大义，是经学的开山名作，书中有一半的内容都是解经的篇章。清代学者苏舆因此说："西汉大师说经，此为第一书矣。"作为经学大师的董仲舒，不但论证了许多经学的基本命题，而且提出了许多解经的具体方法。

（一）经学命题

　　董仲舒提出、论证了许多经学史上著名的命题，后世经学在很大程度上是围绕着这些基本命题的争论而展开的。

1. 以《春秋》当新王

在董仲舒看来，《春秋》是孔子怀有大目的的制作。《春秋繁露·俞序》说："仲尼之作《春秋》也，上探正天端王公之位。"认为孔子作《春秋》，目的不在于整理、编订一部翔实可靠的春秋史书，而是为了通过对史实、人物的褒贬，确定某种统治秩序，确立行为的规范。

在《春秋繁露·符瑞》篇中，董仲舒指出，孔子接受天命，然后假托于《春秋》来改革已经不符合时代要求的旧制度，想通过作《春秋》达到"上通五帝，下极三王，以通百王之道"的目的。董仲舒在《春秋繁露》中再三强调说，"《春秋》作新王之事，变周之制"（《三代改制质文》），"是故孔子立新王之道"（《玉杯》），都是将着眼点放在改制上，强调《春秋》是孔子借以实现改制的理论工具。

董仲舒认为，《春秋》是孔子所作的一部治国大纲。对于统治者，学习《春秋》是绝对必要的，"有国家者，不可不学《春秋》。不学《春秋》，则无以见前后旁侧之危，则不知国之大柄、君之重任也"（《春秋繁露·俞序》）。国君如果不学《春秋》，就看不到身边的危难，就不清楚自己作为国君的重任。如果国君能够按照《春秋》的大纲大法行事，那就何止能除掉灾祸，简直是可以实现圣王的事业，"苟能述《春秋》之法，致行其道，岂徒除祸哉，乃尧舜之德也"。因此，"《春秋》之道，大得之则以王，小得之则以霸"。

正是基于对《春秋》的此种认识，于是有董仲舒"以《春秋》当新王"的说法。在他看来，《春秋》虽然是一本书，但是寄托着孔子拨乱反正致太平之志，故而将其视为一个"王者"；

而所谓的"新",是相对周朝而言,《春秋》继周之后成为一个虚拟的"新王"。

2. "素王"说

董仲舒"以《春秋》当新王",认为孔子作《春秋》是以王者之心为后世立法,绝不仅仅是普通的思想家和教育家。《公羊传》说"(孔子)以此为王者之事也",孟子说"《春秋》,天子之事也",董仲舒继承并发展了这些说法,继续抬高儒学创始人孔子的政治地位,在《天人三策》中明确地将孔子定位为有帝王之德而无帝王之位的"素王"。

董仲舒尊孔子为"素王",提高了儒学的政治地位,对两汉经学影响非常大。不仅今文经派承袭其说,就连古文经派也很少加以否认,如贾逵《春秋序》说:"孔子览史、记,就是非之说,立素王之法。"(《玉海》卷四十六)郑玄《六艺论》亦云:"孔子既西狩获麟,自号素王,为后世受命之君,制明王之法。"(《全后汉文》卷八十四)即使是像王充那样具有异端气质的思想家,也认为:"孔子作《春秋》以示王意,然则孔子之《春秋》,素王之业也。"(《论衡·超奇篇》)

3. 三统说

董仲舒"以《春秋》当新王",认为这个"新王"是继承的周代,从而把"《春秋》继周"纳入了当时流行的"三统说"理论。

什么是"三统"呢?按照董仲舒的理解,一年十二个月,有三个月可以被确定为岁之首,也就是"正月"。这三个月分别是寅月(农历正月)、丑月(农历十二月)、子月(农历十一月)。夏朝以正月为岁首,商朝以十二月为岁首,周朝以十一月为岁首，这就是"三正"。三正不同，物象的颜色也不同，因此本朝崇尚的主色调就不同。夏为黑色，商为白色，周为赤色。三个朝代的黑、白、赤三种颜色就成为董仲舒所说"三统"的标志。董仲舒认为，历史的发展是从黑统开始，经过白统，到赤统，再回到黑统的周而复始的循环。"统"字则蕴含着开始、根本、纲领、纪要之意。根据寅、丑、子这三个月建立起相应的服色、礼器、官制、刑法等礼乐制度，这就是董仲舒所说的"三统"。

关于"三统说"，董仲舒在《春秋繁露·三代改制质文》中有这样一段话：

《春秋》作新王之事，变周之制，当正黑统。而殷、周为王者之后。绌夏，改号禹谓之帝，录其后以小国。故曰：绌夏存周，以《春秋》当新王。

根据三统说，夏、商、周三代分别得黑、白、赤三统。现在《春秋》既做了新王，自然应该是"变周之制，当正黑统"。这样一来，周便成了"王者之后"，再加上周之前的商，就组成了新一届的"三王"。上届三王之一的夏，就得改号，称为"帝"，进入"五帝"的行列，"录其后以小国"，这就是所谓"绌夏"。而原来五帝中最早的一位则要绌而为"九皇"了。所以三王、五帝、九皇，都不是固定的名称，而是推移的名称，好像亲属之有高祖、曾祖和曾孙、玄孙一样。

4.改制说

董仲舒认为孔子以《春秋》当新王，新王代替旧周，于是就要实行"改制"。那么，究竟什么是"改制"呢？《春秋繁露·楚庄王》篇说："今所谓新王必改制者，非改其道，非变其理。""改制"并不是改变治国的根本道理。

那么,"改制"是改什么呢?董仲舒说是"徙居处、更称号、改正朔、易服色",可见,他所说的"改制",只是改变居处、称号、正朔、服色这些属于外部形式的东西。

为什么要改变这些呢?董仲舒认为改制是为了表明受了天命当新王,而不是继承前朝的王位而当王。如果一切都因袭前朝的制度,没有什么改变,这跟继承前朝的王位而当王就没有什么区别了。接受天命当了新王,这是老天在显扬你,你要只是一味因循旧朝,不进行变革,这可不是上天的意愿。这样的改制,实际上是为"新王"的合法性作进一步的论证。至于那些带有根本性的东西——大纲、人伦、道理、政治、教化、习俗、文义,是不必改也不可改的,这些就是所谓的"道"。"天不变,道亦不变。"这样看来,董仲舒春秋学中的"改制",其实是当时的一种政治需要。

(二)解经方法

董仲舒解释经典有两个重要方法:深察名号和推究辞旨。通过这些方法,完成了经学政治化、神圣化的使命。

1. 深察名号

董仲舒继承了先秦的名号理论,他所说的名是详细具体的,号是概括简略的,名与号的关系是种(具体)与类(概括)的关系。比如,他说"祭"这个号,在不同的季节就有不同的名,春天的祭祀叫"祠",夏天的祭祀叫"礿"(yuè),秋天的祭祀叫"尝",冬天的祭祀叫"烝"(zhēng);再比如说打猎,号为"田",在四季分别叫不同的名,"春苗、秋蒐(sōu)、冬狩、夏狝(xiǎn)"。董仲舒为什么要深察名号呢?他说:"治天下之端，在审辨大；辨大之端，在深察名号。"（《春秋繁露·深察名号》）也就是说，深察名号是为了治理好天下。

董仲舒继承了孔子"正名"的思想，并且将"名号"神圣化，说"名号异声而同本，皆鸣号而达天意者也"（《春秋繁露·深察名号》），从而加强了以名号治理天下的权威性。他用声训的方法来界定"王"这个号，说王者"皇也""方也""匡也""黄也""往也"，也就是王者的思想要广大（皇），实行的道要光明正大（方），高尚的品德才能成为时代的典范（匡），这样，政治局势才会稳定美好（黄），四方人民就会向往（往）。董仲舒通过对"王"这个号的解释，其实是以天的名义对王提出了要求。

董仲舒同样以"名号"解读《春秋》的"微言大义"。在董仲舒看来，《春秋》中的名字称呼都寓有褒贬之意。比如，《春秋》隐公元年："三月，公及邾娄（zhūlóu）仪父盟于眛。"《公羊传》解释为什么在这里要称呼小诸侯国邾娄国君的字"仪父"呢？是要对他进行褒扬，因为当隐公即位时，他首先予以承认并缔结盟约。董仲舒认为"邾娄仪父称字"体现了"王道之意"。再比如，《春秋》宣公十二年："夏六月乙卯，晋荀林父帅师及楚子战于邲（bì），晋师败绩。"楚国本是南蛮，华夏各诸侯国以夷狄视之，但是此次楚庄王十分遵守礼义，战胜了郑国却不占有郑国，打败晋军后又让晋军退走，所以《春秋》尊称楚国这个"夷狄"为"子"。董仲舒能从称呼中分析出道理，从"微言"之中体会出"大义"，认为夷夏之分重礼义，而不是重地域。

2. 推究辞指

"辞"，就是文辞；"指"，就是文辞的深层意义。《春秋繁露·精华》说："《春秋》慎辞，谨于名伦等物者也。"也就是说，《春秋》对于言辞异常谨慎，对于命名人伦、区分事物等级非常讲究。不仅如此，褒贬大义也都体现在言辞的细微变化之处。董仲舒推究辞指，总结出很多条解经原则和方法：

其一，有常辞，无通辞。

所谓"常辞"，指的是《春秋》通常的说法；所谓"通辞"，指的是固定不变的说法。而《春秋》没有这种放之四海而皆准的言辞。我们来看一则例子：

董仲舒认为，《春秋》对历史事件的描述有一套常用的标准，如果国君被杀而对凶手进行讨伐，就会把凶手被诛的情况写上去；如果没有人讨伐凶手，那么就不写国君的安葬，凶手的名字以后也不会再出现。这是"常辞"，但不是固定不变的"通辞"，因为会有特殊情况发生。

比如，赵盾弑君这件事。《春秋》宣公二年记载了"赵盾弑其君"，但是宣公六年赵盾的名字又出现了，按照《春秋》的惯例，赵盾既然是弑君的凶手，就不应该再出现了，这应该作何解释呢？《公羊传》认为，赵盾并非真正弑君的凶手，凶手是赵盾的族弟赵穿，但是史官董狐却写"赵盾弑其君"，理由是赵盾没有替国君讨贼，这相当于弑君。董仲舒看重内在动机，他认为按照赵盾的事件而观察他的内心，相信赵盾不会做出篡弑之事，否则赵盾也不会向天呼号"天乎！无辜"了，所以赵盾并没有弑君的动机，只是和这件事有牵连罢了。既然赵盾并非真正弑君的凶手，那么这件事就不能按照通常的标准来衡量，所以到了宣公六年，赵盾的名字又出现了。《春秋》有"常辞"而无"通辞"，"常辞"是允许变化的，有常即有变。

其二，有正辞，有诡辞。

"正辞"，就是正式、公开的讲法，有什么说什么，是什么讲什么。但是有时候情况复杂，《春秋》没有如实说出，而是改变了说法。这种改变了的说法就是"诡辞"。董仲舒在《春秋繁露·玉英》中说："《春秋》之书事时，诡其实以有避也。"也就是因为避讳而改变说法。他举了几个例子：比如，晋文公召周天子至践土参加会盟，诸侯招天子是不尊重天子，对于天子来说是很屈辱的事情，《春秋》为了替天子隐讳就写成"天王狩于河阳"，说天子到河阳狩猎。这就是"诡辞"，不符合实际。再比如，鲁庄公攻打同姓的盛国，《春秋》为了替他隐讳就把"盛国"改成"成国"。这也是《春秋》"诡辞"的写法。

《春秋》用"诡辞"的地方很多，原因也很复杂，所以对于《春秋》不应该只从字面上了解意思，而要透过字面来深刻体会其中的大义。

其三，有婉辞，有微辞。

董仲舒是在评价《春秋》昭公十二年所载"晋伐鲜虞"时，提出"婉辞"这一说法的。《春秋》对晋没有称其爵号，《公羊传》认为这是把晋当作夷狄来看待。因为鲜虞是姬姓国，与晋国同姓，晋国讨伐同姓之国，是十分无礼的行为。董仲舒赞同《公羊传》的观点，他指出，齐国和鲁国不是同姓，但是鲁国遭遇公子庆父作乱的时候，齐国都能替鲁国分忧，而晋国和鲜虞属于同姓国，晋国不但不替鲜虞分忧，反而以自身的强大来欺压鲜虞，因此，《春秋》没有称晋的爵号，只是称"晋"就完了，这是一种"婉辞"。可见，婉辞指的就是委婉批评的言辞，因为要对君王隐讳，所以这种批评不能直接表露出来，只能通过文辞的微妙变化来表达。

董仲舒认为《春秋》在写昭、定、哀这三代君主的事情时是使用"微辞"的，因为他们是孔子当世的君主，一方面他要为君主隐讳，另一方面也要明哲保身，所以言辞比较隐微委曲。董仲舒举了一个例子：《春秋》昭公二十五年记载"秋七月上辛大雩。季辛又雩"。"雩"，是求雨的仪式。鲁昭公在二十五年秋七月的上辛日已经举行过一次求雨的仪式了，为什么又在季辛日举行一次求雨仪式呢？其实季辛日这次并不是真的求雨仪式，而是鲁昭公因为季氏得民心已久，所以想用求雨这个办法把民众聚集起来驱逐季氏。孔子不好指责自己的君主，所以用"又雩"这种言辞来为尊者讳。可见微辞和婉辞的意思差不多，都是通过文辞变化而暗寓褒贬。

其四，诛意不诛辞。

"诛意不诛辞"，就是说有谴责的意思，但是没有指责的话语。董仲舒是在评价《春秋》关于齐桓公、晋文公两位霸主的事情时提出的这一观点。齐桓公和晋文公擅自分封土地、招致天子、诛讨暴乱，使即将灭绝的世族延续下去，使即将灭亡的国家继续生存，侵伐会盟时常常担任领导人。齐桓公能够挽救中国、攘斥外夷，使楚国臣服，但这是王者才能做的事；晋文公两次招致天子。但《春秋》并没有在言辞上诛伐他们，这是因为赞扬他们能够统领诸侯、尊奉天子而臣服周室。《春秋》称他们为"伯"，这是"不诛辞"。但他们这些行为毕竟是僭越了自身的本分，所以，虽然"不诛辞"，但是在内心上却诛伐他们，也就是"诛意"。

其五，见其指，不任其辞。

"见其指，不任其辞"，是说要重视表达意旨的"辞"，但又不能拘泥于"辞"；既要深入把握"辞"，更要超越于"辞"而探求其"辞"外之旨。这应该说是董氏"推究辞指"方法论中的最高层次。

董仲舒是在分析战争时谈到这一方法的。在《春秋繁露·竹林》篇中，董仲舒认为，尽管《春秋》没有"恶战伐"之"辞"，却可以领会到《春秋》"恶战伐"之"指"。理由有二：

第一条理由是"战伐之事，后者主先"。意思是《春秋》记载战争时，总是把发动战争者排在后面，把受侵犯而应战者排在前面。例如，《春秋》庄公十八年记载："春，王三月甲寅，齐人伐卫，卫人及齐人战，卫人败绩。"齐人为战争发动者，卫人是被迫应战者，"卫人及齐人战"便是"卫人"在先，"齐人"在后。董仲舒认为，《春秋》的这一排序方式，表明的就是厌恶战伐之意。

第二条理由是"凶年不修旧"。意思是灾荒之年不维修旧有的工程，更不要大兴土木。在董仲舒看来，《春秋》对凶年修旧以害民都加以讽刺，更何况让百姓去充当战争的炮灰呢？所以他发现：《春秋》厌恶的是，不讲道德而一再诉诸武力，驱赶人民参加战争的做法；喜欢的是，虽建立军队却尽可能不去打仗，靠施行仁义而使天下归附的做法。

《春秋》"恶战伐"，反对一切战争，那为什么对有些战伐却表示赞成呢？董仲舒回答，战争虽然是不好的，但是各种战争相比较，还是有好坏之分，堂堂正正的阵地战（偏战）就比偷袭（诈战）要好，也就是"不义之中有义，义之中有不义"。这种复杂的理论问题，语言不能完全表达，要靠认真的思考才能领会其精神实质。如果领会了精神实质（"见其指"），就不必拘泥于文字表面（"不任其辞"），只有这样才能获得儒家大道之精髓。

董仲舒把《春秋》的精髓要旨总结为十条，即"十指"，分别是：安百姓，审得失，正事本，明君臣之分，著是非，序百官，立教化，达仁恩，次阴阳，顺天意。一切事都可以与这些"指"联系上。把这"十指"归纳起来，就是"仁义"二字。

总之，董仲舒的经学思想，尤其是他的治经原则和方法，在经学史上具有方法论意义，不但被两汉及后世的今文经派所继承，对宋代及清末的治经风气也影响至深，甚至对后世中国人的思想方法也产生了不容忽视的影响。

二、哲学思想

"天"是董仲舒哲学的最高范畴。董仲舒的"天"包含自然之天、神灵之天和道德之天等多重含义，他在"天"的基础上提出了"天人合一""阴阳五行"的天道理论。

（一）"天"的含义

1. 自然之天

董仲舒在《春秋繁露·官制象天》中说："天有十端，十端而止已。天为一端，地为一端。阴为一端，阳为一端，火为一端，金为一端，木为一端，水为一端，土为一端，人为一端，凡十端而毕，天之数也。"这里的"天"有两种含义："天为一端"的"天"，是狭义的与地对应的物质之天；"天有十端"和

"天之数"的"天"，则是包含了天地、阴阳、五行及人等十种要素的宇宙全体。这个大宇宙起于"天"毕于"人"，在这之外才是万物。"十端"本质上都是"气"，"天地之气，合而为一，分为阴阳，判为四时，列为五行"（《春秋繁露·五行相生》），天有天气，地有地气，混而为一，派生出阴阳、五行、四时。这显然是自然哲学意义上的"自然之天"。

2. 神灵之天

董仲舒还经常讲到"天"是创造天地万物和人类的至上神。诸如《天人三策》中的"天者，群物之祖也"；《春秋繁露》的《郊义》中的"天者，百神之君也"，《郊语》中的"天者，百神之大君也"，《顺命》中的"天者万物之祖，万物非天不生"，《为人者天》中的"人之为人本于天，天亦人之曾祖父也"，《王道通三》中的"人生于天，而化取于天"，等等。这些都是把"天"看作宇宙万物和人类的创化者、主宰者，是有人格、有意志，能够赏善罚恶的"神灵之天"。董仲舒特别重视"郊祭"，也就是祭天之礼，指出古代圣王都是以最精诚、敬畏的态度来祭祀上天的。通过强化天的神圣性、权威性，一方面神化君权，另一方面也对君主权力进行限制。

3. 道德之天

董仲舒把本属于人间的伦理纲常、道德情感投射到天上，给"天"赋予了许多道德观念，于是就有了道德之天。在《春秋繁露·王道通三》中，董仲舒说："仁之美者在于天，天仁也。""天常以爱利为意，以养长为事。"美好的仁德来自天，天是仁爱的，它化育万物、养长万物，永不停歇地奉养着人类，所以"仁"就是"天心"。在董仲舒这里，"天"的意义和本质就是"仁"。道德领域的"仁"取之于天，是天的意志的体现。

在董仲舒心目中，"天"是浑然一体的，三种含义常常互相交错，互为支撑。神灵之天与道德之天合一，神灵之天含有道德的目的，人间的君主只有效法"天之行"，才能以德配天，得到上天的庇护；神灵之天与自然之天合一，神灵之天要通过自然之天来显示其意志和主宰作用。因此，神灵之天是董仲舒"天论"的思想形式，自然之天是董仲舒"天论"的哲学基础，道德之天是董仲舒"天论"的伦理核心。这样有基础、有核心，又有形式，就构成了董仲舒"天论"的逻辑结构。

（二）天人关系

天人关系一直是中国古代哲学思考的主要方面，也是中国传统文化中的永恒命题。在这一关系中，天人合一作为一种著名的哲学观念，早在先秦时期就已经初步形成，至董仲舒则把它发展成为一个明确的政治哲学命题。

董仲舒在前人的基础上明确提出了"天人合一"的命题。在《春秋繁露·阴阳义》中，他说："天亦有喜怒之气、哀乐之心，与人相副。以类合之，天人一也。"所谓"以类合之"就是承认天与人是一类，然后才得出"天人一也"的结论。在《春秋繁露·深察名号》中，他又说："事各顺于名，名各顺于天。天人之际，合而为一。"一切事物都各自顺着名，一切名都各自顺着天意。天与人的关系在这个意义上就合而为一了。

为了论证这个命题，董仲舒把"天"与"人"从外在形貌到内在性情都进行了一番比较。他说，人是天生的，所以人像天，人副天数。人体有小骨节三百六十六块，和一年的日数相副；人有大骨节十二块，和一年的月数相副。人的四肢与四季相副，人的五脏与五行相副。有数的，按数量相副；没有数的，按类也相副。天有阴阳，人有喜怒；天有山谷起伏，人有五脏六腑；等等。总之，人是天的副本或缩影，天人同质、同构，因此是同一类的。

同类的东西会相互感应。天人感应说不是董仲舒发明的，而是古已有之，董仲舒对此进行了详尽的论证，并加以发展，对于这个学说的流行起了重要的推动作用。

在《周易·乾卦·文言》中有同类相应的说法。"同声相应，同气相求，水流湿，火就燥，云从龙，风从虎，……各从其类也。"同声相应就是声学上的共鸣现象。董仲舒也以共鸣现象为例讲感应："鼓其宫而他宫应之，鼓其商而他商应之。"敲击宫调的钟，其他宫调的钟也发出同样的响声，这就叫同声相应。同气相求，指的是阴阳之气相互感应。水流湿，就是流向低洼潮湿处；火就燥，一堆柴，有干燥也有潮湿，一旦点着，火就烧到干燥的柴。董仲舒认为，感应是无形的，是人肉眼看不见的。

既然天和人是同一类的，同类的事物会相互感应，那么天和人之间就会相互感应。董仲舒指出，天、人之间是通过"气"这个中介物进行感应的。他认为，人在天地之间，浸没在阴阳之气中，就好像鱼浸没在水中，人与气之间没有任何空隙。人一直浸在气中，自身的阴阳之气与身外的阴阳之气就会相互交流、感应。

从个人的角度看，有些人一遇到阴雨天气就会出现腰酸腿痛的现象，特别是身体受过伤的地方，会格外酸痛。董仲舒说，这是因为上天和人体都是有阴有阳。在阴雨天气，天的阴气占了上风，人体内的阴气因为与天的阴气同类，就会发生感应。由于感应主要发生在人体阴气比较集中的腰膝和旧患之处，所以人就会出现这些相应的症状。董仲舒在《春秋繁露·求雨》中说："天有阴阳，人亦有阴阳。天地之阴气起，而人之阴气应之而起；人之阴气起，天地之阴气亦宜应之而起，其道一也。"

从国家社会的角度看，天人感应实际上就是天与管理着人间的君王之间的感应。董仲舒说："观天人相与之际，甚可畏也。国家将有失道之败，而天乃先出灾害以谴告之；不知自省，又出怪异以警惧之；尚不知变，而伤败乃至。"天地之间有时会出现一些异常的现象，小的异常叫"灾"，大的异常叫"异"。董仲舒认为，这些灾异不是随便出现的，它们是天对人间的警告。上天一直关心着人类社会的治理情况，如果人间的统治出现了一些小的过失，天就会降下水旱之类的灾害来"谴告"之；如果"谴告"了还不知改正，天就降下日食、月食之类的"怪异"来"警惧"之；倘若仍然无济于事，就只能说明统治者是咎由自取，上天就要革掉他的命了。

董仲舒给自己的学说披上了一层"天人"目的论的神秘外衣。他根据"天人合一"的原则讨论仁义礼智信等伦理规范，设计礼制、官制的体系和规模，阐述庆赏刑罚的道理，分析经权常变的关系，提出德政教化的主张。尤其是，董仲舒的天人学说为中华民族大一统观念的确立创造了哲学依据和社会心理基础。天人关系论在董仲舒的儒学思想体系中起到了骨架的作用。

（三）阴阳五行

董仲舒在阴阳五行学说史上贡献卓著，他对阴阳五行学说的论述应该是自春秋战国以来最为系统、最为详尽的。《春秋繁露》中有阴阳六篇、五行九篇。阴阳六篇分别是《阳尊阴卑》《阴阳位》《阴阳终始》《阴阳义》《阴阳出入》《天地阴阳》，五行九篇分别是《五行对》《五行之义》《五行相胜》《五行相生》《五行顺逆》《治水五行》《治乱五行》《五行变救》《五行五事》。余治平教授说："没有阴阳五行的哲学一定不是中国哲学。"而不研究阴阳五行的哲学，也一定不能深刻把握董仲舒哲学的精髓要义。

董仲舒将阴阳五行作为天人之间的桥梁和媒介。《汉书·五行志》说："董仲舒治《公羊春秋》，始推阴阳，为儒者宗。"可见"推阴阳"乃是董仲舒思想的一大重要特色。正是通过对阴阳五行的创新与发明，天道和人道才实现了沟通。

1. 阴阳思想

《春秋繁露·阴阳义》中说："天地之常，一阴一阳。"由于阴阳是天地之常，所以人们可以通过阴阳来观察天意。董仲舒通过分析阴阳的运行规律、尊卑秩序、兼和特性来领悟天道，从而指导人道。

第一，阴阳运行。董仲舒在《春秋繁露·阴阳位》中十分详细地描述了阴阳二气的运行轨迹：阴气与阳气在运行方向上截然相反，阳气发生于东北，由东北往南、往西，再返回到东北方向，按顺时针方向运转；阴气发生于东南，然后朝北运行，经过西北、西南，再回到东南，按逆时针方向运动。在《天辨在人》篇，董仲舒说，阴阳的运行，一年之中各有六个月，运行时所在方位不同。天总是把阴安置在空虚无用的地方，而把阳放在实处，以阴为阳的辅助。董仲舒由天道阴阳引申到人道政治，提出人间也应该"任德而远刑"。

第二，阴阳尊卑。董仲舒提出"阴者，阳之助；阳者，岁之主也"（《春秋繁露·天辨在人》），一年四季中，有三季是有利于万物生存的，仅有一季是主丧死刑杀的。天下的昆虫随着阳而出入，天下的草木随着阳而生落，三代帝王也是随着阳而改订正朔，天下的尊卑随着阳而排定次序。总之，一切都是阳说了算。董仲舒强调"阳尊阴卑"，其目的也是在于现实社会的政治和伦常秩序。阳的特征是"正能量"的：暖、予、仁、宽、爱、生；阴的特征表现是"负能量"的：寒、夺、戾、急、恶、杀。所以要"任德不任刑"。"君为阳，臣为阴；父为阳，子为阴；夫为阳，妻为阴"（《春秋繁露·基义》），因此君、父、夫为尊，臣、子、妻为卑。

第三，阴阳相和。董仲舒说："独阴不生，独阳不生。"（《春秋繁露·顺命》）又说："阳不得阴之助，亦不能独成岁。"（《天人三策》）无论阴还是阳，都不可能离开对方，都必须相互辅助，形成合力，并与天、地一起发挥作用，才能生化、构造出无限的世界万物。那么，阴阳如何相合呢？在《春秋繁露·基义》篇，董仲舒说："阴者，阳之合；妻者，夫之合；子者，父之合；臣者，君之合。物莫无合，而合各有阴阳。"在董仲舒看来，只能说阴是阳之合，而不能说阳是阴之合，可见阴阳相合要以阳为主导。

2. 五行思想

阴阳与五行相伴随、相终始。董仲舒的五行学说主要包括以下几个内容：

第一，五行相生。五行的排列并不是任意随便的，而是有"天次之序"。董仲舒在《春秋繁露·五行之义》中说："天有五行：一曰木，二曰火，三曰土，四曰金，五曰水。木，五行之始也；水，五行之终也；土，五行之中也。此其天次之序也。"董仲舒排列的五行顺序是：木、火、土、金、水，其中相邻的两者是相生的关系，即木生火，火生土，土生金，金生水，水生木，木又生火，如此循环相生。

既有相生的关系，自然就有了母子的关系或父子的关系。《春秋繁露·五行对》中说，从五行的相生可以知道："父之所生，其子长之；父之所长，其子养之；父之所养，其子成之。"凡是父亲所做的，儿子都承受下来并继续实行，顺从父亲的意思，竭尽人子之道，所以说五行就是指五种德行。董仲舒以五行相生解释人伦之忠孝，从而把儒家的价值规范比附到五行思想之中，使得五行有了儒家的道德内涵，儒家有了五行的形上依据，完成了儒学历史上最伟大的一次革命。

第二，五行相胜。五行之间的关系是："比相生而间相胜"。相邻的两者是相生的关系，相间的两者是相胜的关系，即木胜土，火胜金，土胜水，金胜木，水胜火，如此循环相胜。董仲舒用五行相胜理论来设计政权机构内部的权力制衡。木是司农，金是司徒，司农不轨，司徒诛之，这叫"金胜木"；火是司马，水是司寇，司马犯法，司寇诛之，这叫"水胜火"；土是司营，木是司农，君行失礼，民叛其君，这叫"木胜土"；金是司徒，火是司马，司徒破坏法纪，滥用权力，司马诛之，这叫"火胜金"；水是司寇，土是司营，司寇巧言令色，结党营私，司营诛之，这叫"土胜水"。在这里董仲舒提出的权力需要而且能够相互制约的思想，直到今天依然具有其现代意义。

第三，五行贵"土"。五行不管相生还是相胜，都是平等的，没有哪一行占据特殊的地位。由于汉代得土德，也许就是由于这种原因，董仲舒特别突出土的地位，认为土就是地，只有土地有资格与天对应，土在五行中是最高贵的。他说："五行莫贵于土"，"土者，五行之主也。"（《春秋繁露·五行之义》）五行之中，土最为尊贵，是木、火、金、水的核心和关键。土是"天之股肱"，五行配四时，木、火、金、水分别配春、夏、秋、冬，而"土兼之"，不专门配一时，却兼管四时。

在天地关系中，地勤劳有功，名归于天，这是忠臣行为。董仲舒说，大地产生风雨，却把功绩献给上天，好像是遵循天命而做的一样，所以叫"天风天雨"，而不叫"地风地雨"。因此"下事上，如地事天也，可谓大忠矣"（《春秋繁露·五行对》）。土是忠臣孝子的行为，道德茂美。董仲舒五行学说的根本目的就是要论证现实伦常的合理性。因此，几乎每一个理论判断都涵摄着一定的现实意义。

总之，董仲舒的哲学思想以"天"为最高本体，以天人合一、阴阳五行为核心话题，是董仲舒思想大厦的坚实根基。时至今日，天的观念仍然活在人们的生活结构里，仍然活在人们的心目中，仍然活在人们的信念里。

三、政治思想

从董仲舒的《春秋繁露》和《天人三策》中可以看到，他探讨的都是政治问题。可以说，先秦儒学，伦理为主色调；董仲舒的儒学，政治是主色调。董仲舒的核心思想就是政治思想。

（一）大一统论

董仲舒政治思想的核心是"大一统"。西汉立国初期，朝廷定了一项基本政治制度——"郡国并行制"，即封国与郡县并行。以长安为中心的周边地区被划分成十五个郡，实行郡县制；对燕、赵、齐、魏、楚等地，则实行分封制。起初分封的是功臣宿将，后来汉高祖为了消除这些潜在威胁，陆续剿灭异姓国，分封自己的子侄。他本意是想让这些姓刘的来保护中央政权，可是当封国的权力越来越大的时候，这些子侄的野心也越来越大，反而成了威胁中央集权的力量。汉景帝的时候发生了七国之乱。董仲舒亲眼看见、亲身经历了这场战乱，他就像一个医生一样，看到了国家分裂战乱的症状，找出病根就是没有强大的中央集权，开出的药方就是"大一统"。

大，就是重视、推崇。为什么要"大一统"呢？董仲舒认为"宇宙本一统"，包括人在内的宇宙万物都统一于天。既然宇宙本一统，"道之大原出于天"，人间之道的根本就是出自上天的，人事要遵循天道，那么人类社会的政治生活也必然是统一的。

董仲舒还有一个理由，就是"《春秋》大一统"。董仲舒通过解释儒家经典《春秋》来发挥自己的大一统政治哲学。《春秋》经的第一句："元年，春，王正月。"《公羊传》解释这句话说："元年者何？君之始年也。春者何？岁之始也。王者孰谓？谓文王也。曷为先言王而后言正月？王正月也。何言乎王正月？大一统也。"这段话的意思是：什么是元年呢？国君即位的第一年。什么是春呢？一年中的第一个季度。王指的是谁呢？指周文王。为什么先说王而后才讲正月呢？用的是周文王历法的正月。为什么要用周文王历法的正月呢？那是为了使用天下通用的统一历法。

《公羊传》按照自己的思维方式对《春秋经》进行了解读，董仲舒又在《公羊传》的基础上大做文章，发挥微言大义。董仲舒说，《春秋》中第一句话，把"王"放在"春""正"之间，意思就是王介于天人之间，对上要奉行天道，对下要端正人民，这样才能当"王"。"大一统"就是要求：人要统一于天，必先统一于王。所以他说："《春秋》之法，以人随君，以君随天。"（《春秋繁露·玉杯》）这样他就构建起一个"天—君—民"的统一的政治系统。这样一来，"大一统"的原则就深入封建社会的每一个细胞，全国臣民都要服从皇帝，并统一于天。

董仲舒通过对天道、经典的解释，提出了自己"大一统"的政治思想。那么董仲舒"大一统"的思想包括哪些内容呢？

首先，政治上一统。

汉朝初年分封诸侯，为国家的分裂埋下了隐患。汉朝统治者为了防止分裂，做出了极大努力，许多思想家为此想方设法，出谋划策。汉文帝的时候，贾谊就认为诸侯势力太大，像四肢比腰还粗，指头比胳膊还粗一样不正常，建议"众建诸侯而少其力"。汉景帝的时候，晁错提出"削藩"。汉武帝时，主父偃提出"推恩令"，诸侯的封地不再只传给嫡嗣，而是允许诸侯把封地分给所有子弟，这样诸侯就在无形中越分越小了。汉武帝采纳了主父偃的建议，以后诸侯再没有能够起兵造反的了。主父偃的主张是正确的，办法是高明的。但这只是一时的权谋，并非长久之策。怎样才能成为长久之策呢？只有上升到理论的高度，并且转化成治国指导思想。完成这一任务的是董仲舒。

董仲舒将"大一统"的政治哲学归结为一句话："屈民而伸君，屈君而伸天。""屈民而伸君"主要是限制诸侯的势力，树立天子的权威，巩固中央集权制度；"屈君而伸天"就是用天的权威制约皇帝的权力。树立天子权威是为了稳定社会秩序，巩固统一的国家政权；限制皇帝权力，是不让他胡作非为，实际上也是为了长治久安。

其次，思想上一统。

董仲舒特别重视思想统一，认为只有思想统一才能有利于政治统一。他说：

《春秋》大一统者，天地之常经，古今之通谊也。今师异道，人异论，百家殊方，指意不同，是以上亡以持一统，法制数变，下不知所守。臣愚以为诸不在六艺之科、孔子之术者，皆绝其道，勿使并进。邪辟之说灭息，然后统纪可一而法度可明，民知所从矣。

这是董仲舒《天人三策》中极为重要的一段话。

第一句"《春秋》大一统者，天地之常经，古今之通谊也"，就是说"大一统"是宇宙间普遍的原则，无处不在，无时不有。根据"大一统"的普遍法则，那么思想也要"大一统"。

第二句"今师异道，人异论，百家殊方，指意不同，是以上亡以持一统；法制数变，下不知所守"，指出了西汉社会的严重问题，统治阶层没有统一的指导思想，下层百姓不知何去何从。从"大一统"的角度来看，文化可以多元，但意识形态必须一元，否则就会"法制数变，下不知所守"。

第三句"臣愚以为诸不在六艺之科、孔子之术者，皆绝其道，勿使并进。邪辟之说灭息，然后统纪可一而法度可明，民知所从矣"，提出了解决方案。其中的"皆绝其道，勿使并进"被概述为"罢黜百家"，尊崇"六艺之科、孔子之术"被概述为"独尊儒术",于是"罢黜百家,独尊儒术"便成为贴在董仲舒身上最醒目的标签。不过,"罢黜百家,独尊儒术"这八个字并不是董仲舒说的,二十四史和四库全书也没有这八个字。此说法始自清末民初的著名思想家易白沙1916年在《新青年》杂志上发表的《孔子评议》一文。汉代最接近这一说法的是《汉书·武帝纪》:"罢黜百家,表章(彰)六经。""六经"就是"六艺",是《诗》《书》《礼》《乐》《易》《春秋》等经典体现的规则、大义。董仲舒提出思想统一要统一到"六艺之科,孔子之术"上来。

思想的统一,绝不是通过命令"独尊"一家思想,排斥其他思想所能实现的,而只能是以一家理论为中心,融汇吸收其他诸家之长方可完成。思想统一,其实是思想综合的过程。就像黄朴民教授所说:"所谓的'独尊儒术',是汲取了众家之长基础上的'独尊';而他所谓的'罢黜百家',也是百家之长被取走前提下的'罢黜'。"

那么,应该如何看待董仲舒的"大一统"思想呢?

董仲舒以其敏锐的洞察力,观察到了汉武帝时期统治思想转向的必要性,故而在对策中正式向汉武帝提出了"大一统"主张。汉武帝实行"大一统"政策,既是时代的客观要求,也是汉武帝本人的政治自觉,更与董仲舒所作出的理论建构和积极建议密不可分。

从历史的长时段看,"大一统"在促进稳定,维护统一方面确实是起到了积极的作用。

"大一统"在政治上实质就是中央集权制。从秦始皇建立中央集权制到清朝末年,两千多年间,从未改变。到了现代才有民主共和制。中央集权制能够存在两千多年，说明它有一定的合理性。首先，皇权是社会秩序的象征，有了皇权，就有了稳定的社会秩序；一旦皇权不稳定，社会就陷入混乱。其次，中国的汉唐盛世都是在大一统即中央集权制度比较巩固的时期，大一统不稳固的时期，天下大乱，人民生活不安定，经济也不可能发展。最后，中国历史上人口最多的时期也是在统一时期，乱世人口则较少。

"大一统"在思想上的影响是深刻而久远的，成为中华民族的政治观念和思维方式。在中国历史上，谁搞分裂，谁就是历史的罪人，如汉代吴楚之乱中的刘濞、唐代安史之乱中的安禄山；谁期望统一，为统一作出贡献，谁就是民族英雄，如抗倭名将戚继光、收复新疆的左宗棠。南宋著名诗人陆游在临终前写下的："死去元知万事空，但悲不见九州同。王师北定中原日，家祭无忘告乃翁。"就充分反映了中华民族大一统的传统精神。在任何时候，所谓"台独""藏独"都是不得民心、不会得逞的，因为董仲舒已经给我们每个中国人心中种下了"大一统"的种子。

（二）民本思想

董仲舒继承了先秦儒家民本思想的主体框架和基本思路，并将其天人理论贯穿其中，提出了"天立王以为民""君民一体"以及反对暴政、赞同有道伐无道的观点，还提出了一系列爱民、利民的具体主张。

第一，"天立王以为民"。董仲舒借助"天"来阐发其民本思想。他说："天之生民，非为王也，而天立王以为民也。故其德足以安乐民者，天予之；其恶足以贼害民者，天夺之。"（《春秋繁露·尧舜不擅移汤武不专杀》)这就清楚不过地告诉了君主，天生万民并不是为了君主一人，王权只是授予那些能安乐民众的有德之君，而对于那些残害民众的君主，天自然会收回他们的权力。人民不是君主的目的，相反，君主成为人民的目的，这无疑是一种"天"之下的民本主义思想。董仲舒对天的权威的强调并不影响、反而巧妙地体现了他的重民、爱民思想。

董仲舒认为天道以"仁"为内涵，人又受命于天，那么人就应该效法天道，据天道施仁政，而施仁政最重要的就是爱民重民。《春秋繁露·王道》说："五帝三王之治天下，不敢有君民之心。什一而税。教以爱，使以忠，敬长老，亲亲而尊尊，不夺民时，使民不过岁三日。"董仲舒强调统治者要实施仁义，收服民心，教化百姓，以巩固天下，这是与先秦儒家民本思想一脉相承的。

董仲舒还以"五行相胜"来论证君要安乐民众，而不应该贼害民众的重要性。他说："君大奢侈，过度失礼，民叛矣。其民叛，其君穷矣，故曰木胜土。"（《春秋繁露·五行相胜》）在董仲舒看来，君不能为民，民必会叛君。显然，董仲舒已把君王能否"乐民""为民"看作是统治能否得以维持的一个决定因素，这种认识是极为深刻的。

董仲舒的"王者作乐"中也蕴含着深厚的民本思想。他主张，王者受天命必改制以应天，必作乐以应人。改制以显天命，作乐以示民命。改制是王者的初始任务，作乐是王者的最终任务，而且这个政治使命和神圣的"天"相贯通，所谓"大改制于初，所以明天命也；更作乐于终，所以见天功也"（《春秋繁露·楚庄王》）。

第二，君民一体。董仲舒说："君者，民之心；民者，君之体。"（《春秋繁露·为人者天》）他将君比作心，民比作体，民乃立国之本，有体才能有心，体之不在，心将存焉？他还说："王者，民之所往；君者，不失其群者也。故能使万民往之，而得天下之群者，无敌于天下。"（《春秋繁露·灭国上》）民之所往是君之存在的条件，君不可失群，失去民众，则政权不保。君如能使万民所往，并得天下之民众，那么他将无敌于天下。由此可见民对君来说是多么重要。

董仲舒主张伸天仁民，在《春秋繁露·为人者天》中他说："唯天子受命于天，天下受命于天子，一国则受命于君。君命顺，则民有顺命；君命逆，则民有逆命。"这句话包含两层意思：其一，民从君乃天经地义；其二，君有德则民为顺，君无德则民为逆。"伸君"的前提是"伸天"，即君必须效法天地之仁。尊君与爱民在天意的协调下达到和谐统一。

第三，反对暴政，赞同有道伐无道。董仲舒公开主张汤武革命。他认为桀纣这些失去民众的无道之君，"虽立天子诸侯之位"，也只是没有民众支持的"独身者""一夫之人"，应该加以讨伐。他说："夏无道而殷伐之，殷无道而周伐之，周无道而秦伐之，秦无道而汉伐之。有道伐无道，此天理也。"（《春秋繁露·尧舜不擅移汤武不专杀》）在这里，他把殷灭夏、周灭殷、秦灭周、汉灭秦的原因说成了是有道伐无道。一方面说明它们之间取代与被取代是正当的，因此汉政权的建立也是具有合法性的；另一方面也对统治者提出警告，要求统治者要效法天道、施行仁政，否则就有可能被推翻。他警告君王说："仇雠其民，鱼烂而亡，国中尽空。"（《春秋繁露·王道》）将百姓视为仇人，国家就会灭亡。从董仲舒的这些言论来看，他的反暴政的重民思想几乎同孟子如出一辙。

第四，提出一系列爱民、利民主张。董仲舒是为民生计焦思苦虑的思想家，在写给汉武帝的对策中，董仲舒反复强调"爱民"的重要意义："爱民而好士，可谓谊主矣"，"为政而宜于民者，固当受禄于天"，"爱施兆民，天下归之"。（《天人三策》）这表明"爱民"是政权合法性的重要根据。在民本的具体实施上，董仲舒向皇帝上疏，提出不夺民时、薄赋敛、省徭役、宽民力等具体措施。孟子曾经为制民之产立了一条基本的标准，就是要让老百姓"仰足以事父母，俯足以畜妻子，乐岁终身饱，凶岁免于死亡"（《孟子·梁惠王上》）。董仲舒继承这一思想，提出了要使老百姓"内足以养老尽孝，外足以事上共税，下足以畜妻子极爱"（《汉书·食货志上》）的主张。针对汉武帝大兴徭役、兵役，老百姓苦不堪言的状况，董仲舒奉劝统治者要"省徭役"，并从阴阳五行观点论证统治者顺应四时五行规律，注意与民休息和不违农时的重要性。

董仲舒民本思想披着天人学说的外衣，虽然带有浓厚的神秘主义色彩，但是从本质上看，他用天指引君主、约束君主，主张安民、乐民、为民、重民，民本思想的内涵十分丰富。董仲舒可以称得上是西汉乃至中国古代史上一位杰出的民本主义思想家。

（三）治官之法

董仲舒提出的治官之法主要包括选才任贤和官员考绩，既从源头处控制官员的质量，又十分重视在过程中对官员的考察。严格的选官和考察制度使得官吏不得不加强自身的道德修养，尽量做到律己爱民。董仲舒的治官之法对现在领导干部的选拔、考核与评价具有重要的启示作用。

首先，董仲舒提出要选才任贤。他认为选才任贤是必要而重要的，是人君效法天道的正确做法。《春秋繁露·天地之行》中讲了如何效法天道，即："贵爵而臣国，所以为仁也；深居隐处，不见其体，所以为神也；任贤使能，观听四方，所以为明也；量能授官，贤愚有差，所以相承也；引贤自近，以备股肱，所以为刚也；考实事功，次序殿最，所以成世也；有功者进，无功者退，所以赏罚也。"作为君主，要效法天道。所以重视爵位而治理国家，是为了显示尊严；博爱民众，是为了施行仁道；居住深隐，看不见他的形体，是为了显示他的神妙；任用贤能的人，观察聆听来自四面八方的信息，是为了使自身做到明察秋毫；按照能力的大小授予官职，贤愚不同而分别等级，是为了使他们互相承接；招引贤人而自己主动接近他，并将其储备为自己的得力辅臣，是为了能够刚强；考核功绩的实际大小，核定高低等级，是为了形成一个朝代的立政规模；提拔有功劳的人，罢免没有功劳的人，是为了做到赏罚分明。

董仲舒判定贤人的标准是什么呢？《春秋繁露·通国身》中说："气之清者为精，人之清者为贤，治身者以积精为宝，治国者以积贤为道。"可见，董仲舒认为贤人应该是"人之清者"，具有清正廉明的美德。董仲舒之所以如此重视官德，是因为当时政治生活中官吏的素质堪忧。他在对策中直言"夫长吏多出于郎中、中郎，吏二千石子弟选郎吏，又以富訾，未必贤也"（《天人三策》），指出那些郡守、县令多数是出身于郎中、中郎。这些郎官是什么人？都是年薪二千石的大官的子弟，是"官二代""富二代",在才能上不一定贤明出众。

董仲舒十分反对当时不考虑才能和品行的"任子"和"赀选"选官法,提出了"养才""荐才"和"用才"的具体措施:"养才"的具体方法是"兴太学,置明师";"荐才"的具体方法是让列侯、郡守、二千石等地方大员,每年荐贤两名以供宿卫,并以此作为考察大臣的一个重要指标;至于"用才",他主张"毋以日月为功,实试贤能为上,量材而授官,录德而定位"(《天人三策》),不看资历看才能。通过这些选官制度,在源头处控制了官员的质量。

其次,董仲舒主张对官吏实行考绩制度。董仲舒在《春秋繁露·考功名》中详细论述了他理想中的官员考察制度:"考试之法:大者缓,小者急;贵者舒而贱者促。诸侯月试其国,州伯时试其部,四试而一考。天子岁试天下,三试而一考,前后三考而黜陟,命之曰计。"可见,董仲舒主张的官员考察制度既有小"试"也有大"考",既针对"贵者"也针对"贱者",且最终要和"黜陟"挂钩,具有层次性和可操作性。

总之,董仲舒以天道指引人间政治的大方向,全面提出了其政治主张。在指导思想上,主张"大一统";在施政原则上,主张以民为本;在官员队伍建设上,重视选才任贤和考核评价,对汉朝长治久安的政治局面产生了深远影响。

四、经济思想

董仲舒经济思想的核心是"调均"。所谓"调均",即通过调节来达到均衡。董仲舒继承了孔子"不患寡而患不均,不患贫而患不安"(《论语·季氏》)的经济理念,并将其上升到基本治国理念和基本价值观念的层面，提出了具体的土地调均、赋税调均、行业调均等措施，实现了创新性发展。

（一）调均的原因

贫富两极分化是社会动乱的重要原因。董仲舒分析秦朝的社会状况，认为秦朝"用商鞅之法，改帝王之制，除井田，民得买卖"，从而造成"富者田连阡陌，贫者亡（无）立锥之地"（《汉书·食货志上》）的严重两极分化，导致秦朝最终走向灭亡。更为可怕的是，这种情况到了汉朝，"循而未改"，问题依然没有得到有效解决。

汉初，经济凋敝，贫富悬殊不大。统治者崇尚"清静无为"的黄老之学，采取轻徭薄赋、与民休息的政策。黄老政治和与民休息政策推行的结果，是人口大量增加，经济也迅速恢复和发展起来，出现了"文景之治"的繁荣景象。"京师之钱累百巨万，贯朽而不可校"（《汉书·食货志上》），国库存钱很多，一直不曾动用，连串钱的绳索，都被虫蛀断了；各郡县仓库盈满，中央直辖仓库存粮太多，以致发生腐烂。但是黄老政治"不抑兼并"，贵族和豪强在政府不干涉政策的保护下，大量兼并自耕农，社会两极分化严重，富者更富，贫者更贫。到了汉武帝时期，贫富分化情况更加突出，"民日削月朘，浸以大穷。富者奢侈羡溢，贫者穷急愁苦"（《天人三策》）。

贫富悬殊已经成为严重的社会问题。董仲舒在《春秋繁露·度制》中指出："大富则骄，大贫则忧。忧则为盗，骄则为暴。""大富"阶层恃富而骄横轻慢，不守礼法，进而僭越作乱；"大贫"阶层为生存而忧愁，因忧而为盗，起而造反。所以，"大富"和"大贫"都会引发祸乱，影响社会安定。正是看到了贫富分化的严重现状及其后果，董仲舒提出了"调均"的主张。

（二）调均的原则

董仲舒主张的"调均"，必须遵循两个原则：贫富有差和贫富有度。所谓贫富有差，也就是社会制度要区分上下等级，"贵贱有等，衣服有制，朝廷有位，乡党有序"（《春秋繁露·度制》），只有不同等级的人各就各位，社会才能稳定和谐。可见，董仲舒的"调均"不是无差别的"平均"，他主张有差别，但是这种差别要适度。那么，适度的标准是什么呢？董仲舒提出"富者足以示贵而不至于骄，贫者足以养生而不至于忧"（《春秋繁露·度制》）。富的能示贵，穷的能生存，这就是那个最合适的"度"。董仲舒所说的"调均"，就是封建国家运用行政、法律和经济等手段，干预和调控社会财富的分配和占有，防止贫富过度不均，维护封建政治统治，实现上下相安，天下太平。

董仲舒在这里不仅提出了要"调均"，更提出了明确的调均标准和原则，这相对于先秦儒家的均平思想是一个进步。"调均"思想体现了儒家的公平观，是中国文化的优良传统，也是我们今天增强文化自信的重要思想资源。

董仲舒调节贫富的主张，是其"中和"思想在经济领域的表现。董仲舒继承了先秦儒家的中和思想，提出"德莫大于和，而道莫正于中。中者，天地之美达理也，圣人之所保守也"（《春秋繁露·循天之道》）。中和是天地之正道，因此贫富两极分化就是违背天地正道的，必须通过调均使之返回正道。

那么，怎样才能达到富者不太富、穷者不太穷的理想中和状态呢？董仲舒同样主张要效法天道，做到"不争利""不兼利"。他说上天都不会把好处重复地给予一个个体，有了角的动物就不能再有上齿。所以已经拥有大的利益，就不能再拥有小的利益，这是天数。已拥有大的利益，还要兼得小的利益，连上天也不能满足他，何况人呢？所以圣明的人仿照上天的行为制定制度，使那些拥有高俸禄的人，也都不能兼有小利、去跟人民争夺利益，这是符合天理的。

董仲舒认为"不与民争业"，不但是"上天之理"，也是"太古之道"。在《天人三策》中，他给汉武帝讲了战国时期鲁相公仪休的故事。鲁相公仪休回家吃饭的时候吃到自己家种的葵菜，就到园里把葵菜全拔了；看见妻子在织布，就发怒，休了妻子。他说："我已经拿了俸禄，怎么能又夺菜农、女工的利呢？"董仲舒说古代当官的都是这样，自己拿了薪金，就不能再与菜农、女工争夺行业的利益。所以，上行下效，社会风气就好。在《春秋繁露·度制》中，董仲舒还引《礼记·坊记》的话"君子仕则不稼，田则不渔"，说明君子应该当官就不种地，种地就不打鱼，做到不兼业、不兼利。

（三）调均的措施

1. 土地调均

在土地调均方面，董仲舒提出"限民名田"的具体措施。中国古代社会是农业社会，农业是根本所在。土地不仅是国家生存、发展的基础，也是主要的农业生产资料。随着西汉初年社会经济的恢复发展，官僚贵族、豪强地主、大商人，猛烈地兼并农民的土地。汉武帝时期，土地兼并已经十分严重。土地兼并引发一系列的社会问题：农民失去土地后，失去了生存基础，很容易成为流民，甚至铤而走险，成为盗贼；富人兼并大量土地，生活会更加侈靡，甚至挑战法令。土地兼并，可以说是造成贫富两极分化的因素。

在这种情况下，董仲舒上书汉武帝，他立足现实，反思历史，指出了贫富两极分化的问题，描绘了社会严重危机的状况，分析了土地兼并的原因，提出了解决土地兼并问题的办法。

首先，董仲舒生动地描绘了豪强地主的势力"邑有人君之尊，里有公侯之富"，诉说了贫民生活的艰难"贫民常衣牛马之衣，而食犬彘之食"，具体地指出政府横征暴敛的残酷程度。尤其是"富者田连仟佰，贫者亡（无）立锥之地"的名言，形象生动地道出了贫富两极分化的状况，说明了土地兼并所造成的严重后果。

接着，他将土地兼并的原因归为"除井田，民得卖买"（《汉书·食货志上》），即土地国有制转化为多种所有制并存，获得土地的途径由授田制、土地买卖等转变为以土地买卖为主。有土地私有制度，就会有土地买卖，就会有土地兼并。土地私有、土地买卖、土地兼并，三者形影相随。董仲舒揭示出的这一点，将西汉社会土地兼并现实问题进行理论升华，提出了一个具有深远历史意义的话题。自此以后直至民国，因为土地国有、私有与集体共有等多种所有制并存，土地买卖与土地兼并始终相伴随，贫富两极分化总是存在，所以，两千余年来，众多学者、政客们成百上千次地评价、探讨董仲舒所提出的限田话题，提出了无数的解决方案，进行了多次的尝试，既有成功的经验，也有失败的教训，而这一切的起点就在于董仲舒的限田思想。

至于如何解决这种严重的土地兼并问题，董仲舒首先想到了历史上的井田制度，认为这是可以遏止土地兼并、化解贫富分化的理想措施。但他又清醒地看到，在土地私有、土地买卖的社会条件下，恢复古代的井田制不是马上就能办到的，因而应当有所变通。所以，他认为"古井田法虽难卒行"，建议"宜少近古，限民名田，以澹不足，塞并兼之路"。"限民名田"的"限"字，即限制，也就是政府应当规定每户占有土地的限额。"名田"即占有田地。董仲舒所说的"限民名田"就是在私人占有土地的基础上，限制其占有的数量，要保持一个适当的限度，从而使农民拥有自己的一块土地，以遏制土地兼并的趋势，缩小社会上逐渐拉大的贫富差距，使社会财富的分配相对均平。

客观而论，董仲舒的"限民名田"思想并不能彻底解决土地问题，但他提出限田的建议，以求土地与劳动力有较为合适的结合，以缓和阶级矛盾，促进社会的和谐，实现国家的长治久安，无疑具有进步意义。土地兼并是土地私有和土地买卖的必然结果，与两千余年的古代中国长期相伴，不是依人的意志为转移的。但适当地予以调整限制，总比放任自流、不抑制兼并更有利于社会的和谐稳定，更有利于统治的巩固，更符合多数人的利益。正因为如此，董仲舒的限田思想对历代抑制土地兼并的理论研究和国家授田政策的制定等，都产生了一定的积极影响，具有深远的历史意义。

2. 赋税调均

在赋税调均方面，董仲舒提出"轻徭薄赋"的具体措施。汉武帝时期对外征伐不断，对内大兴土木，人民负担日益加重。《汉书·食货志上》记载："力役三十倍于古；田租口赋，盐铁之利，二十倍于古。"徭役增加到古代的三十倍，赋税增加到古代的二十倍。在这种情况下，老百姓的生活十分困难，"贫民常衣牛马之衣，而食犬彘之食"。因此，董仲舒强烈建议减轻人民的负担，"薄赋敛""省徭役"，减少赋税，减少劳役，使人民感到宽松，维持社会稳定。

董仲舒推崇古代圣王采取的"什一之税"，也就是缴纳收成十分之一的赋税制度。儒家传统观点认为，"什一之税"是合乎"中道"的制度。在《春秋繁露》的《王道》篇，董仲舒说："五帝三王之治天下，不敢有君民之心，什一而税。"在《五行顺逆》篇，他将五行与人君的行为联系起来，指出君主的德行顺应时节则"顺"，会有祥瑞；背逆时节则"逆"，会有灾异。五行之"木"，就时间而言指的是春季，春季具有生长万物的性能，是农耕的根本。君主勉励百姓勤于农耕之事，不耽误百姓耕种田地的时间，役使百姓服劳役，每年不超过三天的时间，实行征收产量总额十分之一的赋税制度。反之，如果公事徭役繁多，耽误百姓的农时，还想方设法增加赋税，以此来掠夺百姓的财产，那么就会伤"木"，百姓就会患病，树木就会枯萎，池塘就会干涸，鱼类就不繁殖。

在《五行变救》篇，董仲舒说如果木发生变异，那么草木就会在春天凋谢而在秋天茂盛，秋天的树木上凝结冰霜，春天会经常下雨。如果发生这样的天象，就说明徭役和赋税的负担过重了，而解救的方法就是减少征发百姓服劳役，减轻征收百姓的赋税，取出粮仓中的谷物，救济贫困的百姓。可见，不管董仲舒关于人事与灾异的联系如何不合逻辑，但他为国为民的心都是值得肯定的。

3. 行业调均

在行业调均方面，董仲舒提出"盐铁皆归于民"的具体措施。汉武帝时期实行盐铁官营，国家直接掌握盐、铁等重要生产、生活资料，这项政策作为政府的短期行为，确实暂时扭转了财政状况，增加了政府的经济收入，打击了富商大贾及地方势力。但是，作为一项长远的国策，盐铁官营的弊端与消极作用也不容忽视。比如，官府统得太死，官府制作的铁器往往规格一致，难以适合不同地区的农民使用；盐铁的生产点、销售点分布不合理，给百姓带来了不便与困难；农民服役负担加重，严重地影响了农业生产；官府垄断经营，强制销售，大大增加了人民的经济负担；官商不分，吏治腐败，盐铁官利用官威和职务之便鱼肉百姓；等等。盐铁官营的"副作用"对老百姓利益的伤害，可谓是"一官之伤千里"，一个盐铁官可以把千里之内的老百姓折腾得死去活来。正因如此，董仲舒坚决反对盐铁官营，主张不与民争利，"盐铁皆归于民"。

董仲舒反对盐铁官营以后二十年，在汉昭帝始元六年（前81），霍光以昭帝名义，令丞相田千秋、御史大夫桑弘羊，召集贤良文学六十余人，就武帝时期的各项政策，特别是盐铁专卖政策，进行全面的总结和辩论。从郡县推荐来的贤良、文学都建议取消盐铁官营，他们采用的理论武器多是从董仲舒思想里接收来的，可见，董仲舒作为"儒者宗"，其思想影响之深远。

（四）调均的意义

从根本上讲，董仲舒的调均思想，是创造性地继承并发展了先秦孔孟荀儒家的均平思想，并将其提升到社会协调发展、民众生活安定、国家长治久安的战略高度。因此，董仲舒的调均思想，虽然是从经济入手并着重解决经济问题，但并不仅仅是一种经济观念，更是一种强调公平的施政理念。

调均思想在历史上产生了重要影响。董仲舒的调均思想继承了《孟子》《礼记·王制》中关于田制的思想，又启发了汉元帝时期贡禹的什一而税、岁役三日，汉哀帝时师丹的限田限奴主张，王莽的"王田令"和"奴婢令"，东汉光武帝的释放奴婢政策。西晋王朝的占田制、北魏到隋唐时期的均田制、北宋王安石变法实行的方田均税法等，都与董仲舒的调均思想有很大的关系。从统治者治国理政的层面看，调均的思想传统对于防止和反对贫富两极分化、实现和谐、践行中道具有积极的警示意义。

调均思想在今天也具有合理的价值。我们今天也应当在社会主义核心价值观提倡的公平正义的原则基础上，既承认合理的差异，又充分利用政府的能力调节均衡社会财富。而且，调均不能局限于单纯的经济利益方面，而要涵盖政治权益、精神生活，以及医疗教育等公共服务方面。

总之，董仲舒的经济思想以"调均"为核心，遵循贫富有差和贫富有度的原则，主张限民名田、轻徭薄赋、盐铁皆归于民，追求相对公平，体现爱民之心，不仅在历史上影响深远，而且对于今天建设公平、正义、和谐的社会，也具有重要的思想价值。

五、伦理思想

董仲舒伦理思想的主要内容就是"三纲"和"五常"思想。"三纲五常"是中国传统社会的核心价值观念，对中国社会的发展有深远的影响。董仲舒在"三纲"和"五常"思想的形成过程中具有十分重要的作用，需要用科学的态度进行仔细的辨析。

（一）三纲

"三纲"一词，最早出现在董仲舒的《春秋繁露》中。该书的《基义》篇说"王道之三纲，可求于天"，《深察名号》提到"三纲"时使用了"三纲五纪"这一说法。但是董仲舒只是提出了"三纲"的概念，其内容却不是通常所说的"君为臣纲，夫为妻纲，父为子纲"。

那么，董仲舒所说的"三纲"是什么呢？严格说来，"三纲"在董仲舒那里只是指君臣、父子、夫妇这三种主要的人伦关系。"三纲"是针对"五纪"而言的，"五纪"应指另外五种相对次要的人伦关系。根据《说文解字》，"纲"本义是提网之总绳，"纪"是罗网之"别丝"。大者为"纲"，小者为"纪"。因此，"纲纪"指的是事物关系中相对的主次轻重之别。董仲舒没有明确交代"五纪"的内容，但是根据《白虎通义》中"六纪"可以推知。"六纪"就是诸父、兄弟、族人、诸舅、师长和朋友。这是一组相对来说次要的关系，要由"三纲"来统帅：与师长相处取法君臣关系，与诸父、兄弟相处取法父子关系，与诸舅、朋友相处取法夫妇关系。通过"三纲五纪"或"三纲六纪"，可以让一切人伦关系乃至整个社会秩序得到安顿。因此，后人将"三纲"普遍地理解为"君为臣纲、父为子纲、夫为妻纲"，并不符合董仲舒最早提出的"三纲"本义。

即使在东汉的《白虎通义》中，"三纲"依然是被理解为君臣、父子、夫妇这三种关系，而没有"君为臣纲、父为子纲、夫为妻纲"的提法。最早明确使用"君为臣纲、父为子纲、夫为为妻纲"这一说法的，可查考的应该是《礼纬·含文嘉》。应该说，"三纲"的含义在后世有了演变，《含文嘉》的理解方式逐渐取代了董仲舒、《白虎通义》的理解方式。

无其表达，不代表无其思想。那么，董仲舒对于君臣、父子、夫妇关系的理解，是否有绝对服从的意味呢？

董仲舒以阴阳关系进行论述，提出："君为阳，臣为阴，父为阳，子为阴，夫为阳，妻为阴。"（《春秋繁露·基义》）那么阴阳是什么关系呢？董仲舒提出是"合"和"兼"的关系：

阴者，阳之合，妻者，夫之合，子者，父之合，臣者，君之合，物莫无合，而合各相阴阳。阳兼于阴，阴兼于阳，夫兼于妻，妻兼于夫，父兼于子，子兼于父，君兼于臣，臣兼于君，君臣、父子、夫妇之义，皆取诸阴阳之道。（《春秋繁露·基义》）

"合"是匹合，"兼"是兼摄。董仲舒强调阴阳关系的相互兼合，所以臣下的功劳和君王合并，妻子的功劳和丈夫合并，儿子的功劳和父亲合并。但在合为一体的对等物中，阴阳所处的地位截然不同，其中，阳处于主导地位，而阴处于从属地位。君臣、父子、夫妻皆合阴阳之道，所以在三者关系中，君、父、夫属阳，居于主导地位；臣、子、妇属阴，居于从属地位。在事物的相互关系中，位置或角色不同，发挥的作用自然不同，必然有主次之分、轻重之别。这是不可否认的，但是董仲舒并没有阴绝对服从阳的意思，而是格外重视阳对阴的示范、引领。

董仲舒对于"三纲"说的理论贡献，除了以阴阳论述"三纲"的合理性，还在于他用"天"来强化"三纲"的神圣性。董仲舒提出"王道之三纲可求于天"的命题，三纲的合理性必求之于至上的"天"，并在此天意的展露中获得其现实的合法性。此外，董仲舒还将"三纲"正式纳入"王道"概念之中。春秋学本来就是以正名分为中心的，董子将"三纲"正式纳入"王道"概念的内涵之中，是对春秋学的发展。

（二）五常

"五常"的提出，离不开三位圣贤：孔子、孟子、董仲舒。孔子将"仁、义、礼"组成一个系统；孟子在"仁、义、礼"之外加入"智"，构成"四德"；董仲舒又加入"信"，并将仁义礼智信说成是与天地长久的法则"五常"。

董仲舒是在回答汉武帝策问时，提出的仁义礼智信"五常之道"。他说："夫仁谊礼知信五常之道，王者所当修饬也。"（《天人三策》）仁义礼智信是五种永恒不变的道，这是君王应该培养整顿的。能够培养整顿好这五种道，就能得到上天的佑护，享受鬼神的帮助，恩德就会普及到边远地区，扩大到一切生命。这里，董仲舒第一次将"五常"的内容概括为仁义礼智信，将其作为君王治国理政的原则。

董仲舒不但是"五常"的提炼者，也是论证者。他以"天道"来论证"五常"。他认为天有"五行"，人有"五常"，以仁配木、以智配火、以信配土、以义配金、以礼配水，"五常"与"五行"一样是天次之序。王道效法天道，因此"五常之道"是王者应该修饬的。董仲舒提出的"五常"之说，到了东汉，被正式写入皇帝钦定的《白虎通义》中，成为中国传统社会中人们需要共同遵守的道德规范。

1. 仁

董仲舒继承了先秦儒家关于"仁"的思想，同时也对"仁"

进行了适应汉代社会的创造性转化和创新性发展。董子的创新主要表现在"向天上寻"和"往远处推"。"向天上寻",提出"取仁于天"的命题;"往远处推",提出"仁大远"的命题。

(1)取仁于天

什么是"向天上寻"呢?董仲舒最大的理论特色就是一切都向上天寻找最终依据。对于"仁",他也向上天寻找其来源。在《春秋繁露·王道通三》中,他说:"仁之美者在于天。天,仁也。……人之受命于天也,取仁于天而仁也。"美好的仁德在天。天是仁爱的。人接受天命,从天那里获取仁而表现为仁。董仲舒采用乾坤大挪移的手法,将原属于人之道德属性的"仁"赋予了天,再反过来说"仁"这种美好的品质是人从天那里获取来的。董仲舒为什么绕这样一个大圈子呢?因为这样就使得"仁"具有了神圣性。老百姓做仁德的事,就是向天道看齐;君王行仁政,就是向天道看齐。

(2)仁大远

什么是"往远处推"呢?孔子孟子也讲要"推",但强调的核心在"亲"这个字上;而董仲舒则明确提出"仁大远"(《春秋繁露·仁义法》),把重心移到了"远"这个字上。所谓"仁大远",就是说仁施与得越远越值得赞美。

在《春秋繁露·五行相胜》篇,董仲舒讲了一个小故事来说明自己对"仁"的看法:姜太公向齐国司寇营荡咨询"治国之要",营荡以"任仁义"作答。姜太公追问如何实行仁义,营荡回答:"仁者爱人,义者尊老。"姜太公进一步追问如何爱人、尊老,营荡回答:"爱人者,有子不食其力;尊老者,妻长而夫拜之。"爱人就是有儿子也不靠儿子来养活,尊老就是妻子年

长而丈夫对她行叩拜之礼。姜太公听了勃然大怒，斥责营荡是
"以仁义乱齐"的罪人并予以诛杀。

既然是故事，那么真伪就不重要，重要的是明白其中两种
仁爱观的差异何在。营荡所谓的"爱人"，爱的只是自己的亲
人；所谓的"尊老"，也仅限于宗法家族之内，是指丈夫应该尊
重年长的妻子。这样的仁没有跳出宗法关系的小圈子，强调的
是"亲"。姜太公认为仁爱应该是能治理齐国之仁，强调的是
"远"。董仲舒讲这则小故事的目的，在于阐明自己的仁爱观：
反对以"亲"为特征的仁，主张以"远"为特征的仁。

董仲舒仁爱思想的这一变化，是汉帝国大一统政治的需要。
大一统政治要求最高统治者跳出家族小圈子，面向天下，实行
"爱及四夷"的王道政治。董仲舒就是在这种时代背景下突出强
调仁"远"的特征。董仲舒的"仁大远"思想，对于当今构建
人类命运共同体具有重要的启发作用。

2. 义

在义利关系上，董仲舒主张"义利两养""重义轻利"；在
仁义关系上，董仲舒强调"以义正我"。

（1）义利两养

董仲舒十分重视义和利的关系问题。义和利的关系，历来
都是儒家关注的重要话题。这就是儒家的"义利之辨"。

什么是"利"呢？从字源来看，利就是以刀割禾，农业
社会里面就是收割的意思，实际上就是指物质利益。在现实
生活中，我们每人每天的衣食住行都离不开"利"。面对每一
种"利"，都有三个问题值得考虑：取得是否合法？分配是否合
理？使用是否有度？而只有将"义"字引入，才能解答这三个

问题，也就是说，符合"义"的标准，才是合理的"利"；不符合"义"的标准，就是不应得的"利"。总之，君子爱财，取之有道，分之公正，用之有度。

利是物质的，义是精神的，这二者对于人来说都不可缺少。董仲舒《春秋繁露·身之养重于义》中说："天之生人也，使人生义与利。利以养其体，义以养其心。心不得义不能乐，体不得利不能安。"他认为天生人之初就赋予了人求义、求利两方面的秉性，义的功能是满足人的精神需求，义以养心，无义，心不得乐；利的功能是维系人的身体存在，利以养体，无利，体不得安。

（2）重义轻利

虽然董仲舒认为义利两养，利以养其体，义以养其心，但是养心比养体重要，所以应该"重义轻利"，也就是"重精神轻物质"。利虽然是物质的，但为了天下人的物质需求，这就是"公利"，为了个人的物质需求，就是"私利"。所以应该"重义轻利"，也就是"重公利轻私利"。

义利之辨蕴含两个问题："物质和精神"的问题，"公利和私利"的问题。因此儒家"重义轻利"的思想，其实质就是"重精神轻物质""重公利轻私利"。在精神之"义"与物质之"利"发生冲突时，要重义轻利；在公利之"义"与私利之"利"发生冲突时，也要重义轻利，甚至舍生取义。

（3）以义正我

在仁义关系上，董仲舒强调二者的适用对象是不同的。《春秋繁露·仁义法》："以仁安人，以义正我。"用仁爱思想安抚别人，用义的原则端正自己。仁作用的对象是别人，义作用的对象是自己。还是在这篇《仁义法》中，董仲舒说："仁之法在爱人，不在爱我；义之法在正我，不在正人。我不自正，虽能正人，弗予为义；人不被其爱，虽厚自爱，不予为仁。"仁的法则在爱别人，不在爱自我；义的法则在端正自我，不在端正别人。自己不正，即使能端正别人，也不能算是义，别人没有蒙受他的爱，他即使非常爱自己，也不称许他为仁。

董仲舒为什么要对仁义进行这样的区分呢？主要是防止统治者偏于治人，不知自治，用仁来宽待自己，用义来要求别人。其实"以仁安人"和"以义正我"两者在本质上是一个完整的整体，统治者要"以仁安人"，就必须"以义正我"，也只有"以义正我"，才能"以仁安人"。

3. 礼

董仲舒在《春秋繁露·楚庄王》中说："《春秋》尊礼而重信。信重于地，礼尊于身。"《春秋》是尊重礼义又重视诚信的。把诚信看得比土地更重要，把礼义看得比生命更重要。

在礼的践行方面，董仲舒提出"志敬而节具"，心存敬意，礼节周备。首先，他十分强调礼仪的精神实质"敬"。尤其是对于至高无上的"天"，既不能缺少祭天之"礼"，更不能丧失对天之"敬"。他指出，作为天之子的君主，要尊敬上天，就必须重视郊祭，也就是祭祀上天的礼仪。天子要在每年的岁首举行郊祭，把它放在一年所有事情之前，以示尊重。董仲舒一再强调在郊祭这个问题上，是没有讨价还价的余地的。有人提出对郊祭的质疑，认为百姓还很贫困，没有必要劳民伤财去搞这套仪式，董仲舒对此严厉驳斥，说"天子不可以不祭天也，无异人之不可以不食父"（《春秋繁露·郊祭》）。上天就是父母，百姓就是子孙，岂有因为子孙没饭吃就不奉养父母之理？实际上，对天的敬畏，就是人类对于天理道德的崇敬，对头顶的星空和内心道德律的谨慎和畏惧，这也是中华民族最可宝贵的文化基因。

其次，董仲舒也很重视礼的外在形式。比如在《春秋繁露·郊事对》篇，记载了董仲舒回答廷尉张汤对郊礼的咨询，其中就包括郊礼一些具体操作的细节问题："陛下祭躬亲，斋戒沐浴，以承宗庙，甚敬谨。"皇帝亲自主持祭祀，在祭祀前要斋戒沐浴，以清洁的身体来奉祀宗庙，态度非常恭敬和谨慎。

在礼的践行中，董仲舒还提出应该灵活变通，"守义知权"。他十分重视"权变"，并且给"权变"定了一个标准：符合"义"的就是权变，不符合"义"的就是邪门歪道。

在《春秋繁露·竹林》，他讲了祭（zhài）仲和逄（páng）丑父的故事来说明这个道理：

祭仲是郑国的大夫。郑庄公死后，祭仲主张立郑庄公的长子公子忽，但是与郑国毗邻的宋国却想让郑庄公的次子公子突继位，因为公子突的母亲是宋庄公宠臣雍氏的女儿。于是，宋国人就抓住祭仲对其进行胁迫。在这种情况之下，如果祭仲不听从宋国的命令，那么公子忽就算能即位也难免身死国亡的后果；而如果答应了宋国的要求，不但公子忽可以免于一死，而且郑国也可以保存下来。于是祭仲答应了宋国的要求。在董仲舒看来，祭仲的行为保全了国君，延续了郑国，结果是善的，符合"义"，因此是"知权"。

逄丑父是齐国的大夫。公元前589年，齐晋鞌（ān）之战中逄丑父为救国君齐顷公，和齐顷公换了衣服，坐上齐顷公的位子假冒齐顷公，让齐顷公逃走，而自己被杀。虽然逢丑父保全了国君的生命，牺牲了自己的生命，但是董仲舒认为他的行为使国君受辱，成为君子所甚贱的"获虏逃遁者"，结果是不善的，不符合"义"，因此是"邪道"。

做到守义知权是很不容易的。《论语·子罕》中记载孔子的话："可与共学，未可与适道；可与适道，未可与立；可与立，未可与权。"意思是，可以一起学习的人，不一定都能一起向道；可以一起向道的人，不一定都能坚持道；可以一起坚持道的人，不一定都能灵活运用道。可见"权变"是最高境界，是最难做到的。

4. 智

董仲舒十分强调"智"所具有的"先见之明"特点。《春秋繁露·必仁且智》："智者见祸福远，其知利害蚤，物动而知其化，事兴而知其归，见始而知其终。"有智慧的人能预测祸福，能提前知道利害，事物刚一发动就知道它的变化情况，事业刚一兴起就知道它的趋向，看见开端就知道终结。有先见之明的人对未来有预见性，因而可以清楚地反观目前的情况，并能预测事情的发展动向。就像《淮南子·人间训》所载"塞翁失马"故事中那位智慧的老人一样，能够在福时预见祸、在祸时预见福。

在仁和智的关系上，董仲舒将"智"与"仁"相提并论，强调二者之相辅相成。《春秋繁露·必仁且智》："仁而不智，则爱而不别也；智而不仁，则知而不为也。"仁爱而没有智慧，就会爱人而没有差别；有智慧而不仁爱，虽知道什么是善事但不会去做。董仲舒还用形象的比喻进行说明，他说：有勇力才能而缺少仁德之心，就像疯狂的人拿着锐利的兵器，很容易伤人；有仁德之心而缺少智慧，就像迷路的人骑着良马，终究到不了目的地。用现代的比喻就是，"仁"是方向盘，"智"是油门，二者缺一不可。儒家强调"仁智统一"，用"仁"保证"智"的方向，否则"智"便流于狡诈。"仁智统一"实质就是道德和知识的统一，人文精神和科学精神的统一。

智的养成要靠不断地学习。《中庸》："好学近乎知。""好学"不是浅尝辄止，而是不断地学而思、思而学；"好学"也不仅仅是知识性的学习，而是最终要提升到道德人格的学习。在《春秋繁露·仁义法》中，董仲舒把圣人高妙的理论和美味佳肴做比，指出就算是天下的美味，你要是不认真咀嚼，你也不知道它的味美，圣人高妙的理论也是这样，你不认真思考、品味，你也不知道它的真义。"思"是对"学"的深化，是将所学的知识消化吸收为自身养分的必经之途。只有经过理性之"思"，我们才能既知其然，又知其所以然。圣人的思想深刻而言辞简约，"微言"后面往往隐含"大义"，不认真思考就不能领会。

5. 信

《春秋繁露》中有十四篇提到了"信"，"信"字出现了三十次。董仲舒首次将"信"列入"五常之道"，作为"五常"的最后一个，提出无论是臣民还是君主都要诚信。作为臣民，应该"竭愚写（泻）情，不饰其过"（《春秋繁露·天地之行》），竭力表达心中的意见并充分流露内心的情感，不掩饰自己的过错；作为君主，也不可以言而无信，"明主贤君，必于其信"（《春秋繁露·立元神》）。董仲舒之所以如此不厌其详地强调为信之德，正是期望以"信"来维系君臣之间的关系，进而加强统治阶级内部的团结，特别是诸侯百官要忠诚于君王，同时在互诚互信的基础上，君王也会得到臣民的信任。

董仲舒从《春秋》中的诸侯争霸谈"贵信贱诈"。《春秋繁露·对胶西王越大夫不得为仁》篇说："《春秋》之义，贵信而贱诈，诈人而胜之，虽有功，君子弗为也。"《春秋》所包含的道理，是重视诚信而轻视欺诈，靠欺诈别人而获得胜利，虽然有功绩，但君子不屑去做。这是董仲舒在劝诚诸侯王不能靠武力和欺诈成就霸业。孔门后学不愿意讲五霸的事迹，就是因为五霸是以诈伪取得成功的，有违诚信。

在《春秋繁露·楚庄王》篇中，董仲舒赞扬了宁愿亏损土地也要坚守诚信的齐桓公。鲁国和齐国交战，鲁国多次战败，割地求和。鲁庄公十三年（前 681），齐桓公和鲁庄公在柯地会盟，盟会上鲁国大将曹沫手持匕首胁迫齐桓公退还所占领的鲁国领土，齐桓公被迫应允。当胁迫解除之后，齐桓公听从管仲的话，没有背信弃义，没有毁约，从此"桓公之信，著乎天下"。董仲舒认为"信"要不要守的标准就是符不符合"义"。齐桓公退还鲁国土地，是符合义的，这样的信就是"大信"，必须遵守。

总之，董仲舒的伦理思想以"三纲""五常"为主要内容，就其本质而言，这是一种用于调和传统社会阶级矛盾及统治阶级内部矛盾的重要道德规范，而其中所体现的道德观念，经过后世思想家的继承和不断发扬，逐渐成为整个传统社会的精神支柱。

六、法律思想

董仲舒的法律思想在中国古代法律思想史上占有重要地位。

他以儒家学说为指导的法律思想，开启了汉代以后两千年中国封建法律儒家化的进程。

（一）时代背景

秦汉之际的政治制度与思想都经历了一场翻天覆地的变革。秦以法家统治天下，以严刑峻法治理百姓，最终导致民怨沸腾，二世而亡。汉初统治者吸取秦亡的教训，一改秦政的严苛，以休养生息为国策。但随着历史的发展，汉承秦制的弊端逐渐显现，已不能适应中央集权"大一统"政治的需要。于内有诸侯叛乱之忧，汉景帝时期发生了"七国之乱"；于外有匈奴侵扰之患，北方的匈奴不断进犯，边境居民的生产生活受到很大影响。内忧外患给汉王朝带来了巨大的威胁。因此，汉王朝的统治者需要一种新的统治思想维护秩序，以达到长治久安的目的。这时，结合法家思想又杂糅阴阳五行学说的"新儒学"开始登上历史舞台。这是一个漫长的历史过程，自汉高祖时期的叔孙通、陆贾开始，包括董仲舒的弟子以及再传弟子，以至西汉后期的刘向、刘歆父子等，都为此极力建言，努力倡导，而董仲舒无疑是其中最重要的一员，具有奠基性的作用。中山大学李宗桂教授说："礼法结合治国方略的创生，来自荀子；而礼法结合模式的系统构成及其完善，并最终具有实践的操作性，则归于董仲舒。"

董仲舒专治公羊《春秋》，并从中引申出法律思想。首先，在董仲舒向汉武帝建言思想大一统的指导下，强调法律思想也必须一统，不用混杂不一的法律制度来治理国家，不朝令夕改，这样才能"法度可明，民知所从矣"。而且，法令政策必须明示于天下，这样老百姓才能有所遵从，避免出现思想混乱，法度不明，人民不知所守的状态，起到统一法律思想，修明法度，安定民心，维护秩序的政治目的。其次，董仲舒所尊奉的是儒家化的法律思想。董仲舒融合先秦儒家及其他各家思想，构建新的儒家思想体系，并将它作为治国方略提出来，确立了儒学为一尊的法律思想基础。最后，董仲舒引《春秋》大义，将儒家的道德伦理内化到法律当中，指导法律活动的开展，并且形成具体的法律制度与原则，人们普遍认为这实质上是将儒家的经典"法典化"。

（二）君权天授

董仲舒认为，君权天授。君王从天那里得到授命，拥有最大的人世权力，代表上天来治理天下。《春秋繁露·顺命》中说："天者，万物之祖。""天"是世界万物之本，不仅地位至高，而且具有绝对的权威性和公平公正性。人在生理构造、精神情感等方面，与天同类，天人相互感应。天意难以预测，只有圣人才能洞察，圣人制定的规则就称为"法"，君权是天授命的，所以要效仿天道，按照圣人制定的"法"来治理国家。

董仲舒在关于法律起源的论证中就开启了对于君权的限制。董仲舒说，对于身居高位的一国之君，一定要遵从天意行事，"王者承天意以从事"（《天人三策》），不可肆意妄为，如果君王做出违法的事情，也就是违反了天意天道，上天就会以灾异进行谴告。《春秋繁露·奉本》中说："人之得天、得众者，莫如受命之天子。"天子从上天接受天命，但得受天命就可以称为"天子"了吗？当然不是，还要以"德"得民心，得百姓意，才是真正的天子，否则就会像桀纣一样，虽高居君位，却不过是一个失去民心的独夫罢了。董仲舒在给天子戴上这个"紧箍咒"的时候就指出，天子既然得命于天，其言行一定要体现天意，听从圣人之法，要"奉天法古"，"畏天命，畏大人，畏圣人之言"（《春秋繁露·郊语》）。

董仲舒借助天人感应思想，努力实现"伸天而屈君"的追求，力求以圣人之"法"来限制君权。这种圣人依天意制法，限制君权的立法本源思想被后世的《唐律疏议》《大明律》等法典所沿袭，影响深远。

（三）德主刑辅

君王怎样才能既得天命，又得民心呢？董仲舒认为，最初的法是圣人效仿天意而制定，这种"法"是完备的，通过礼、乐、刑、政四种手段组合，就可以起到规范人们行为的作用，共同确保法的功能的实现。但是这四种组件的地位和功能是不一样的：礼乐是体现道德教化的，是根本；刑政是体现法令惩罚的，是末端。儒家历来重视道德教化，反对不教而诛，认为"教，政之本也"（《春秋繁露·精华》）。只有重视对百姓的礼乐教化，百姓才懂规矩，有荣辱心。施以教化之后，如果再有触犯法律的行为，对其施以刑罚才是合乎仁道的，否则就是"不教而杀谓之虐"（《论语·尧曰》），不实施教化，只使用惩罚杀戮的手段，就是虐待百姓。所以，君主要以道德教化为主，以惩罚为辅，这是得民心的根本，也是司法理念的关键所在。

德刑关系问题是中国古代法律思想史上一直争论不休的问题，也是中国古代法律思想的一个核心问题。董仲舒同样从人人敬畏的"天"谈起，在阴阳、五行、天地、人这个宇宙结构体系中论证其"德主刑辅"的法律思想，使之系统化和理论化，从而成为中国正统法律思想的重要组成部分。

1. 阴阳与德刑

董仲舒在《春秋繁露·阴阳位》中，详细阐述了阴阳运行变化和德刑之间的关系。他说："阳气始出东北而南行，就其位也。西转而北入，藏其休也。阴气始出东南而北行，亦就其位也，西转而南入，屏其伏也。"阴阳二气各有自己的方位，阳的位置在南方，北方是阳气休整的地方。也就是说，阳在南方工作，在北方休息。阴刚好相反，在北方工作，在南方休息。阴阳二气沿着相反的方向运行。阳气从东北出发向南行进，阴气从东南向北行进，各自寻找自己的位置。阳处在北方休息时，进入地下。阴处在南方休息时，必须躲避阳，始终在阳的下方运行。阳，有德的属性，在南方正当其位时，就会有大暑热，主长养；阴，有刑的属性，主肃杀，在北方正当其位时，就会有大寒冻，但是这个寒冻不是阴在起作用，而是阳入地下的原因。所以董仲舒说，阳的运行是"出实入实"，出入都发挥实际的作用，而阴的运行是"出空入空"，没有实际发挥作用，只是在辅助阳的事功。上天是"任德而不任刑"，崇尚德而不崇尚刑，"不任刑"并不是不用刑罚，天道虽然尚阳，但如果阳得不到阴的辅助，也无法完成成岁的任务。治理天下也一样，如果不用刑罚，也无法完成治理国家的任务，因此，德刑兼具，尚德缓刑是依据天道而行政事。

2. 四时与德刑

阴、阳之气的属性和产生的季节也相关。《春秋繁露·王道通三》中说："阴，刑气也；阳，德气也。阴始于秋，阳始于春。"阳在一年开始的春天运行，阳属于德气，要行德；阴在一年快要终了的时候运行，阴属刑，应当行刑。"是故先爱而后严，乐生而哀终，天之常也"，从一年的季节的轮回看，天道运行的规律是先施加仁爱，乐于帮助万物生长，然后严厉，导致万物衰亡。而且，关于春夏秋冬四季，《春秋繁露·阴阳义》说："天之道，以三时成生，以一时丧死。"就四时来说，四季中有三季是帮助万物生长的，只有一个季节让万物死亡，凋零枯落，所以德的施加也应多于刑罚。

君王掌握世间的生杀大权，应当如同四时通过暖、清、寒、暑变化保证万物的生长一样，也要善于掌握事物变化的趋势，恰当地表达喜怒哀乐，以仁德教化为主，刑罚法令为辅，以保证万民生活安定。

3. 五行与德刑

首先来看五行与四时的对应关系。董仲舒说，五行与四时相对应，木主春、火主夏、土居中央主仲夏、金主秋、水主冬。《天人三策》中说："春者，天之所以生也；仁者，君之所以爱也。夏者，天之所以长也；德者，君之所以养也。霜者，天之所以杀也；刑者，君之所以罚也。"春天万物生长，君王要施以仁爱；夏天是万物成长的季节，君主应当施以恩德；秋天以后是万物萧瑟衰落的季节，君主应当施加刑罚。

"木，五行之始也"，五行的运行从木开始，木对应春天，是万物出生的季节，君主应当施以仁爱。为方便农业生产，应当宽缓刑罚，将轻微犯罪的囚犯释放出狱，以保证农业生产的顺利进行。同时减少监狱中关押的人数，对在押的囚犯实行人道主义措施，除去各种刑具。这样做的目的，主要是保证农业生产，不误农时，减少监狱囚犯的数量，还可以防止春季疫病的传播。

秋天和冬天是执行刑罚的季节。"金者秋，杀气之始也"，五行中的金对应秋天，是肃杀之气的开始。这个季节应当对在押的犯人集中进行审理，对判处死刑的因犯集中执行死刑，并修整兵器，警示百官。"水，五行之终也"，五行之水对应冬天，这时应当关闭城门，搜索罪犯，对犯罪行为进行裁断，对应当判罪之人执行刑罚，同时禁止百姓向外迁徙。由此，五行运行的终始都与四时相对应，君王须应天而化，适时运用德刑。

其次，再来看看五行和五官的对应关系。董仲舒还将五行与五官相结合，利用五行之间的"比相生而间相胜"的关系，实现官员执法的权力制衡和相互制约。司农对应木，司马对应火，司营对应土，司徒对应金，司寇对应水，他们之间的制衡关系是：司农违法，司徒诛之，金胜木；司马违法，司寇诛之，水胜火；司营违法，司农诛之，木胜土；司徒违法，司马诛之，火胜金；司寇违法，司营诛之，土胜水。董仲舒用五行相胜的理论来阐发了五官之间的权力制衡关系。北京师范大学周桂钿教授指出："董仲舒把五行与政治紧密联系起来，这里表达了一种思想，政权机构内部权力要互相制约。"以英、美为核心的资本主义国家，到近代才确立了以三权分立为核心的分权和制衡机制，强调对权力的约束，而两千多年前的公元前二世纪，在当时的君主集权制下，董仲舒就早已提出了对权力的制约思想，难能可贵。

总之，汉代阴阳、五行学说对学术的影响是深远的，董仲舒站在当时的语境和学术背景下，由天之阴阳五行到君、民，到政治、法律制度，建构起自己的一套新型的儒家治国理论体系。在这层神秘的天道阴阳的面纱下，董仲舒传达的是重视教化、德政为主、刑罚为辅的治国理念和法制思想。

（四）春秋决狱

董仲舒在司法领域提出了"春秋决狱"，也就是将《春秋》大义引入法律程序，也称"引经决狱"或"引义决狱"，意思是如果官吏在断案时，碰到了法律没有做出明确规定的情况下，有了疑惑，可以直接采用儒家经典阐发的大义作为司法定罪量刑的判断依据。目的是运用法律的力量，使儒家的伦理道德真正成为人们的行为准则。

据《后汉书》记载，董仲舒退休回家后，朝廷经常就政法问题派廷尉来咨询，于是董仲舒写了《春秋决狱》一书，列举两百多个案例，以《春秋》大义作为判案标准，指导司法实践，内容非常详尽。但这本书已经失传，只能根据当时和后代其他著作的零星记载，来研究董仲舒"春秋决狱"的思想。

1. 尊尊亲亲

根据《春秋》之义，"君亲无将，将而诛焉"（《公羊传》庄公三十二年），弑杀君父没有所谓的"即将"，有这个打算就应该诛杀，这是"尊尊"，保护君父特权；"父为子隐，子为父隐"（《论语·子路》），这是"亲亲"，维系亲属关系。强调父子之间应当相互包庇隐瞒，不得相互揭发犯罪行为。据史书记载，有这样一个案子无法判决：甲没有儿子，在路旁收养了一个弃婴，视为己出。等这个孩子长大后犯罪杀了人，甲知道后，就把儿子藏了起来，问应该怎样处理甲的行为？董仲舒说："甲宜匿乙。诏不当坐。"依据儒家父为子隐、子为父隐的传统，认为父亲应该把儿子藏起来，不能判罪。以儒家经义指导法律实践，是对秦和汉初法律的驳正，也是董仲舒对礼法关系的基本主张。

2. 反对株连

根据《春秋》之义，"恶恶止其身，善善及子孙"（《公羊传》昭公二十年），如果触犯刑律，做了恶事，则只限于惩处作恶的当事人，而不累及他人；如果做了好事，可以善及后世子孙。这也是对自秦以来实施"连坐制"等严苛律法的纠偏和返正。

3. 痛疾首恶

《春秋》疾首恶。疾，是痛恨。"首恶"是第一个做这类坏事的人。"《春秋》之义，诛首恶而已"（《汉书·孙宝传》）。董仲舒将其引入法律，"首恶者罪特重"（《春秋繁露·精华》），对这一类恶事的首犯者要特别加重刑罚，这样不仅可以起到法律的震慑作用，还可以在一定程度上杜绝类似的犯罪行为发生，达到"省刑绝恶"的目的。

4. 原志定罪

志是指心志、动机。董仲舒的春秋决狱注重分析犯罪动机，根据行为人主观上的出发点是否违背纲常伦理，来判断行为人是否有罪，或罪轻罪重。《春秋繁露·精华》中说："《春秋》之听狱也，必本其事而原其志。""原其志"是最大限度地考虑罪犯的动机问题。

董仲舒的"春秋决狱"留下这样一则案例：父亲因与人争辩发生斗殴，那人用佩刀刺杀他，儿子甲怕父亲吃亏，就操起木棍去救援，不料误伤了父亲。汉官吏认为儿子甲犯了殴父罪，依律应处枭首之刑。董仲舒认为儿子甲的动机并不是殴打父亲，不应当治罪。他讲了《春秋》记载的一则类似的事例，作为参照。许悼公身染重病，他的太子许止好心弄来一服药，熬好后喂给父亲喝，结果导致其父死亡。《春秋》鉴于许止不存在"弑父"的动机，所以没有追究他的责任。儿子甲误伤其父案和许止喂药案一样，不存在主观故意，所以不应该处以枭首之刑。

因为注重动机，所以在评判事件时就会出现"同罪异论"或"异事同论"。比如齐国的逢丑父和陈国的辕涛涂都欺诈三军，但他们的处罚结果却截然不同。逢丑父欺三军，尽管救了齐顷公的性命，却置国君于"大侮辱"的境地，应当被处死；辕涛涂欺诈齐军，是为了维护本国的利益，所以不应该受到惩罚，这是"同罪异论"。公子目夷是宋襄公的兄弟，在宋襄公打了败仗被敌人捉住后，目夷扬言要代替宋襄公继位，以打消敌人灭国的妄念。后来宋襄公被释放后，目夷又把君位还给了他。祭仲是郑国的大夫，在宋国的要挟之下，假装答应把国君忽赶走，立公子突为国君，但回国后为避免发生内乱，并没有践行诺言立公子突。董仲舒认为目夷和祭仲虽然行事完全不同，但最终都是为了保全国家社稷，所以《春秋》予以肯定和褒扬，这是"异事而同论"。董仲舒列举这些有代表性的史实，是为了说明行为的原动机是最主要的，官吏在审察案件时要格外重视。

另外，董仲舒重视事实，讲"本其事"。"本其事"，也就是要探究案件的本来面目，依据事实真相，这是对案件真实性的把握，只有在事实的基础上裁断案件才能还春秋决狱以本来面目。然而案件发生后不可能还之以本来面目，需要法官根据当事人的情况来寻找证据，作出判断。这样就对官员的德行和素质就有很高的要求，所以董仲舒认识到官吏的重要作用，也非常强调对官员的政绩考核，制定详尽的考核和监督制度，可谓用心良苦。

董仲舒的春秋决狱是在特殊的历史条件下形成的特殊的法治方式，推动了法律儒家化的进程。这些制度和原则有效地补充了当时法律存在的空白，极大地完善了中国古代司法制度。董仲舒引经断案并没有脱离开法律，只是使法律条文的适用更富有儒家所提倡的人情味道，更具有了"情理"，其中所包含的注重心理动机、宽以刑罚等思想是对秦汉以来酷法的一个平衡，他引经所断的案子基本都减轻了刑罚或免予刑罚，是重情理、重民本的体现。董仲舒以儒家思想统帅法律的观念，使法律与儒家礼义相结合，礼法兼备，这是法律的最理想的目标。尽管在司法实践中，难免有失偏颇，存在主观臆断、枉法裁判等消极的一面，但董仲舒的一番苦心和努力产生了巨大的效果，董仲舒倡导"春秋决狱"之后，德治的色彩日益浓厚，引经断狱的风气日益盛行。

总之，董仲舒的法律思想以"天"为逻辑起点阐发了德主刑辅的理论，以春秋决狱推进了法律儒家化进程，影响了中国传统法律的根本精神与价值取向，对中国封建法制的发展产生了深远的影响，对现代法治建设有着重要的启示。

七、教化思想

儒家所倡导的教化往往具有深刻的政治意义，教民成善，以德立国，是儒家一贯的思想传统。"教化"不同于"教育"，"教育"倾向于教导，带有强制意味；"教化"则倾向于感化、理解，强调化育他人。董仲舒的教化思想源于其求善的政治哲学思想，既有完备的体系，又独树一帜，成为汉代以后两千年来中国教育思想发展的重要节点，承上启下，推动了中国教育思想的完善与发展。

（一）"教化"本义

先来看看"教"字的本义。"教"的甲骨文写作"𝄃"，字形是手持杖或鞭。许慎在《说文解字》中解释："教，上所施，下所效也。"本义是教育、指导。掌握知识、明白道理有先有后，"先知觉后知，先觉觉后觉"（《孟子·万章上》），"上所施"，指的是能够体悟天道人伦的先知先觉，通过教育活动来帮助后知者，引导后来觉悟的人。董仲舒遵循《春秋》"奉天法古"的大义，说"圣者法天，贤者法圣，此其大数也"（《春秋繁露·楚庄王》），圣人向天道学习，这是"奉天"；贤人向圣人学习，借鉴前人的经验和教训，实行教化，安邦定国，这是"法古"，也是治理天下最根本的法则。"下所效"，是指百姓效法圣贤的礼乐教化，修养品德，以此来保有或彰显人固有的"天性"之美善。"上所施，下所效"必须上通天道，下顺民情，上下感通。《礼记·乐记》说："教者，民之寒暑也，教不时则伤世。"就像感觉天气的寒暑一样，施教要体察民情，了解人民生活的冷暖，否则就会伤害到世俗风气，教化也推行不了。《春秋繁露·身之养重于义》中说："先王显德以示民，民乐而歌之以为诗，说（悦）而化之以为俗。"先圣的德行教化，能让人民感到快乐，并以诗乐歌舞来表达，有了这种欢乐的情感，才能更好地引领和疏导民众的性情，敦化民风，化民成俗。

再来看"化"字。"化"的甲骨文写作"𝄃"，左、右边是方向相反的"亻（人）"形，一正一反，表示变化，所以"化"

的本义是变化、改变。而且，"化"不同于"变"，它不是骤变、突变，它有一个逐渐浸润的过程，不是机械灌输式的，也不只是知识、技能和信息的传递，而是有主体生命的体悟和践行参与其中。后来"化"的含义由具体的"变化"引申出抽象的"教化"，就是通过教育使人心、风俗得到改变。《说文解字》解释："化，教行也。"也是董仲舒所说的圣人以道诲人、以文化人、以德化民之"化"。

所以，"教"强调"施于上"，"化"强调"成于下"。自上而下，基于天道施行教化，教行于上，化成于下。董仲舒上穷天命天道，下究人之性情，修明法度，确立了教化思想的源头和深刻内涵。

（二）人性基础

人性与教化之间具有天然的联系，一方面人性学说为教化提供依据，另一方面教化的重要内容之一就是探寻人性改良的规律，以期通过教化活动提高人们的伦理道德水平。从人性出发思考教化之道是董仲舒教化思想的鲜明特点，而对人性的分析则构成董仲舒教化思想的理论基础。

关于人性问题，孔子说"性相近也，习相远也"，孟子主张"人之初，性善"，荀子主张"性恶"。董仲舒认为人们之所以对人性的看法和讨论多种多样，是因为大家都忽视了"性"的名号和真正含义，应该回归到"性"的本义上进行研究和考察，才能把"人性"问题讨论清楚。

董仲舒说："性者，生之质也。"（《天人三策》）"性"是人取自于上天最质朴的东西，是与生俱来的天命之性，就像地里长出的禾苗，还没有孵化的卵，尚未缫丝的茧一样，不掺杂任何后天的作用和影响。讨论人性就离不开这个最质朴的东西，否则就不是真正的"性"。

那么，这个天生的最质朴的"性"到底是什么样的呢？董仲舒说，既然是取自于天的自然之质，还得向上天寻求，遵循天道，他说："身之有性情也，若天之有阴阳也。"（《春秋繁露·深察名号》）天道兼有阴、阳，那么一个人身上也兼有性、情。性，是由天而生赋予人的自然之质；情，是人性中的欲望，这两者都生于天，即天生的自然本质。董仲舒认为人身上还有两种天生之气，他说："仁、贪之气，两在于身。"（《春秋繁露·深察名号》）天有阴、阳二气，人身也兼有贪、仁两种天生之气，二者相合才与天道相一致。董仲舒以天道阴阳解释人性中兼有的性、情和仁、贪。

既然"性"有仁、贪二气，就不能简单地把人性说成只有"善"或只有"恶"，只能说"性有善质"。董仲舒把"性"比喻成自然生成的禾苗，那么"性"中的"善"就是加工后可食用的"米"，"性比于禾，善比于米"，米由禾加工而成，却不能认为禾就是米，天赋人性中有"善"的资质却不能说成"性善"。善与米一样，是人们秉承天的创造又另外加工而成的，是后天教化的结果。所以，董仲舒并不否认"性"有"善"的部分，但反对把人性直接定义为善或不善，只能称"性未善"或"性未全善"。

按天道阴阳来说，人性中的善质，相当于天道的阳气，情欲和贪气，相当于天道的阴气。天道好阳而恶阴，发扬阳气，禁制阴气，不让阴气妨碍阳气。那么，人性中的贪欲之恶气，也必须加以克制禁止，不使其伤害仁、善之性，这是与天道同理。怎样来克制呢？董仲舒说："桎众恶于内，弗使得发于外者，心也。故心之为名桎也。"（《春秋繁露·深察名号》）关键是人的"心"，心可以阻止众恶，节制贪欲，要发挥"心"的主观能动作用，加强自身道德修养，主动弃恶向善。

董仲舒还依据人性的客观存在，提出性分三品。《春秋繁露·实性》说："圣人之性不可以名性；斗筲之性又不可以名性；名性者，中民之性。""圣人之性"，是"天之性"，天生纯善，与天同德，超越人性，无须教化而是实施教化者。"斗筲之性"，是"兽之性"，天生纯恶，即使施以教化也不可能迁善，所以没有教化的必要。"中民之性"，是绝大部分普通人的本性，这才是董仲舒所说的"名性"的对象。万民之性有善质亦有恶质，就像等待孵化的卵，孵化后才能成为幼禽，等待用沸水缲丝的茧，然后才能抽成丝一样，"中民"要等待教化之后，才能成就人性之"善"。

董仲舒论人性，目的也是为政治服务的。他认为，万民之性如果不通过后天的教化，就无法成就人性之善，所以，君王要建立一整套关于道德伦理的礼乐教化制度，节制约束人性中的贪欲和恶质，化民成俗，成就万民之性中的善质。这是董仲舒构建王道教化思想的人性论基础。

（三）王道教化

董仲舒认为，教化万民，是圣王的重要职责和重任，万民之性"待教而善"，君王承"天意"治理百姓，教化的责任，既是"天意"的显现，也是王道的践行。

董仲舒认为，自汉朝建立以后，秦朝的"遗毒余烈，至今未灭"，秦焚书坑儒，严刑峻法，习俗薄恶，如果现在还以法令来禁止，则是徒劳无益的，如同"以汤止沸，抱薪救火"，所以董仲舒建议汉武帝要实行"更化"，"任德教而不任刑"，以教化德政为主，刑罚法令为辅。董仲舒在《天人三策》中说："教化废而奸邪并出，刑罚不能胜者，其堤防坏也。"教化是治国大道，如果不以教化引导万民，那么奸佞邪恶便会丛生，就像是决堤的洪水，刑罚法令也无法阻止。"教，政之本也"，只有重视礼乐教化，才是抓住了治理国家的根本，让万民主动向善，而不是被动地不为恶，教化之根本确立了，四方百姓才会安定。

实施教化的圣人或君王，是主导者、引领者，起着以身作则的示范性作用。《论语•颜渊》中孔子说："政者，正者也。子帅以正，孰敢不正？"执政者率身以正，则万民效仿。《荀子•君道》篇也说："君者盘也，民者水也，盘圆而水圆。"君王如盛水的盘，盘的形状决定了水的状态。既然君承担着重要的教化责任，作用如此关键，那么人君的德行就显得更为重要。所以董仲舒反复论述作为君主的德行，强调君主的教化对于国家政权的重要性，对君王提出很高的要求："上谨于承天意，以顺命也；下务明教化民，以成性也；正法度之宜，别上下之序，以防欲也；修此三者，而大本举矣"，"仁、谊、礼、知、信五常之道，王者所当修饬也"（《天人三策》）。作为王者，必须上承天意以顺命，自身也要遵循五常之道，加强道德修养，对下以教化万民为务，施以德教，成民之性，这是为政的根本。"故为人君者，正心以正朝廷，正朝廷以正百官，正百官以正万民，正万民以正四方"（《天人三策》），君德配天，才能正四方，担负起教化万民之责。

儒家以礼乐教化万民的思想，影响深远，在现代社会，政府的职责复杂多样，但教化人民也一直是其中最重要的责任。

1. 教化的内容

董仲舒主张以"六艺之科、孔子之术"来教化人民，也就是儒家提倡的礼义之道和礼乐文化。教师是经学博士，教材是儒家的典籍，博士以《诗》《书》《礼》《易》《春秋》《论语》《孝经》等经典教授学生。教师和教材都是统一的，从"师异道"变成"师一道"，尊奉儒家经典，从而使儒家思想政治化、官方化、正统化，儒学地位受到尊崇。

在儒家看来，诗书礼乐是人之成为"人"的重要学习内容。孔子重视礼教和乐教，说"兴于诗，立于礼，成于乐"（《论语·泰伯》）。圣人制礼作乐，颁布刑政，设立礼乐刑政的法则，规范人们的欲望和行为，这就是礼乐教化。董仲舒指出："先之以博爱，教以仁也；难得者，君子不贵，教以义也；虽天子必有尊也，教以孝也；必有先也，教以弟也。此威势之不足独恃，而教化之功不大乎？"（《春秋繁露·为人者天》）可见，其教化内容也是仁、义、礼、智、信等儒家五常思想，孝、悌、尊、卑等礼乐文明，"渐民以仁，摩民以谊，节民以礼，故其刑罚甚轻而禁不犯者，教化行而习俗美也"（《天人三策》）。通过礼仪的学习和熏陶，来培育坚固人的性情、志向、信念，人民懂得礼义而不触犯刑罚，从而教化通行，民风醇美。

2. 教化的功用

董仲舒从历史的角度，认为礼乐教化对于圣王的功业来说，有着重要的功用。

一是巩固统治。董仲舒在《天人三策》中说："故圣王已没，而子孙长久安宁数百岁，此皆礼乐教化之功也。……王者未作乐之时，乃用先王之乐宜于世者，而以深入教化于民。"圣王虽然已经不在了，但后世子孙仍可安宁数百年，都是凭借礼乐教化的强大功用，礼乐教化深入人心，可以安定民心，安邦定国，巩固统治。

二是移风易俗。因为礼乐是源于人心之喜乐，能够反映出社会风气和政治兴衰，圣王依据当时的社会民情，制礼作乐，教化百姓，能更好地"变民风，化民俗也；其变民也易，其化人也著"(《天人三策》)。对人民的教化作用非常显著。董仲舒看到礼和乐殊途同归，都是源于人心，顺应民情，所以有着化民成俗，引领风尚的功能。

三是培养人才。董仲舒重视人才的培养和选拔，强调教化的目的是培养德才兼备的君子。《天人三策》："养士之大者，莫大乎太学。太学者，贤士之所关也，教化之本原也。"贤才是实施教化的本源。董仲舒所说的"人才"，首先是仁义兼有，能以义正己修身，以仁爱人，实行仁政；其次是仁智并举，德才兼备。有仁爱更要有智慧，有才华更要有德行。《春秋繁露·必仁且智》："仁者所以爱人类也，智者所以除其害也。"有仁有智，有位有德，德位相配，才是真正的君子和仁者。

3.教化的实施

董仲舒不仅在理论上充分阐发了教化思想，而且还向汉武帝提出了一系列重要的措施：建学校、举贤才、重新塑造君子等，这些举措是为国家培养人才，聚集教化的核心力量。董仲舒建议："兴太学，置明师，以养天下之士，数考问以尽其材，则英俊宜可得矣。"(《天人三策》)立太学、行教化是选拔人才，以德治国的重要途径。太学是国家设立的最高学府，培养精英。汉武帝采纳了董仲舒的建议，在长安设立太学。另外，董仲舒还建议"设庠序以化于邑"，不仅在京城设太学，还要在各个郡县设立地方学校，教化基层百姓，从中央到地方形成不同层级的教育体系。这是董仲舒重视普通民众的教育问题，实现教化"万民之性"的有效举措。

同样，如何选贤任能、考核政绩也是实现教化的重要环节。董仲舒认为社会风气不清明，黎民百姓不安乐，一个重要的原因就是"长吏不明"。"长吏"就是地方长官，是主要执政者。所以，董仲舒在考察选拔官吏和奖惩措施方面也提出了一系列的"董子方案"，指出"毋以日月为功，实试贤能为上，量材而授官，录德而定"（《天人三策》）。考核官员的标准，不能只看职位高低，资历深浅，还要以实际政绩作为重要依据，以才德高低、功劳多少来考核。考核的方法是量化分等级，董仲舒提出"九品"之说。而且对官员的考核要常态化、制度化，考核的结果是进行赏罚的重要依据。这些举措既有利于选拔人才，又能加强监督机制，使官员尽职尽责，建功立业。董仲舒的这套文官选拔和考核制度，不仅对中国而且对西方的官僚制度都产生了深远的影响。

综上所述，董仲舒直接继承了儒家重视礼乐教化的思想，从人性论出发，建构起较为完备的教化思想体系，这既是董仲舒德治、仁政主张的延伸，也是他治国良策中的重要内容，根本目的是有效地推行德政，教民成善，达到国家的长治久安。董仲舒的教化思想对于中华民族崇德重教观念的形成和核心价值观的构建，都具有很大的促进作用，对于在新形势下有针对性地进行道德教育和思想政治工作，也具有重要的启迪和借鉴作用。

八、生态思想

董仲舒在"天人合一"的哲学基础上，构建起一种理想的生态平衡系统，强调保护资源、顺应自然，追求天、地、人关系的和谐统一，其生态思想的核心词便是"泛爱群生"和"顺时而为"。

（一）泛爱群生

孔子讲"仁者爱人"，对山川、鸟兽、虫鱼也施以仁爱，赞美山水之性，赋予其人的德行和情感。董仲舒讲"泛爱"，"仁之法在爱人"，仁爱的对象是自己之外的其他人，"泛"是范围尽量广阔深远，极力向外推广仁爱，包括鸟兽虫鱼，世间万物。这是儒家较早的关于"博爱"的说法了。

人是天地间最可宝贵的，对于自然有施行仁德和正义的责任和义务。董仲舒提出"泛爱群生"，是尊重自然，爱一切有生命的事物，不能以个人的好恶喜怒来索取或赏罚。尤其是一国之君，恩惠不只是施加于百姓，更要施加于四方和一切生物。《春秋繁露·五行顺逆》篇中说："恩及鳞虫，则鱼大为，鳣鲸不见，群龙下"，"恩及羽虫，则飞鸟大为，黄鹄出见，凤凰翔"。龙、凤、黄鹄都是吉祥之物，如果人类的恩德能体现在动物身上，那么上天就会出现这些吉祥的征兆。与此相反，如果人类不善待万物，得到的将是祸患和灾害，百姓和圣贤之人将会远离，鸟和鱼类也不繁殖，凤凰也会远飞。

人类的生产和生活从来就离不开山川、草木、田泽，人有责任和义务维护其他生命的权利，与天地万物构成一个复合的生态系统，融合为一个不可分割的生命共同体。董仲舒的"泛爱群生"的核心是"仁"，人与天地合德，发挥"生生不息"的功能。在这个意义上，董仲舒将动物放在和人类同等重要的位置，纳入一个道德共同体之中来看待，体现了生态思想中"生命共同体"的整体思维。其实，大自然具有人类无法预知的强大力量，但同时又很"脆弱"，生态平衡一旦遭受破坏，便很难恢复到原有的生态系统，具有"不可逆性"。从某种程度上说，人类对于自然的依赖远远超过自然对人类的依赖，当大自然以它强大的力量反作用于人类时，人类终将自食其果。

（二）顺时而为

董仲舒所讲的"时"远远大于现代意义上的"时间"概念，是融合时空概念的时间、季节、秩序等，包含天道时序和法则在内。董仲舒以"时"为纽带，将天道秩序和人道秩序相对应、相联系，体现出"顺时而为"的生态思想。

从个人身心和谐来看，人的日常行为要顺时而动，根据四时变化、天气冷暖，安排好饮食住行。比如，春天要穿葛布衣，夏天要住凉爽的房间，秋天要躲避肃杀之气，冬天要避开潮湿的地方。春天生长的物种活不过秋天，秋天产生的物种活不过第二年夏天，这是天时。人类的饮食要按照时节的次序，选择适宜的食物。孔子曾经说过"不时，不食"（《论语·乡党》），不是当季出产的物种不食用。董仲舒非常赞同这个观点，并且详细论述了什么季节应当选择什么样的食物。"天无所言，而意以物"（《春秋繁露·循天之道》），天没有说话，而以出产的物种来暗示人们，要顺应天时，才能"得天地泰"，延长寿命。

在经济生产中，既要保护资源，又要顺应自然。董仲舒十分重视天道时序的不可超越性。春季，万物萌发；夏季，万物生长；秋季，万物成熟，"时无不时者，天地之道也"（《春秋繁露·循天之道》），天适时而不失时。统治者要顺应天地之道，做到守时、顺时、不夺民时，如果"赋敛无度，以夺民财；多发徭役，以夺民时；作事无极，以夺民力"（《春秋繁露·五行相生》），做出这些违背天时的行为，就会招致"五谷不和""五谷不成""茂木枯槁"等农业灾害，百姓就会逃去远方。所以从生态意义上说，在农业生产中顺时而为，既能保证农业的丰收，为国家积聚财富，又可稳定和改善农业生态系统，为实现农业生产的良性循环，增加产量提供保障，也是现代生态思想意义上的"绿水青山就是金山银山"。

在国家治理方面，董仲舒以"四政"比副"四时"，"天有四时，王有四政"（《春秋繁露·四时之副》）。"四政"是庆赏罚刑。君王要善于克制自己的喜怒好恶，恰当地使用礼乐刑政，才能体现天的意志。上天喜爱温暖多于严寒，那么君王也要多施加恩惠和仁爱，不能只用刑罚。如果政令与天道相合，则世治；违背天道，则出灾异，世必乱。所以董仲舒所讲的"天人同类""天人合一"，不仅是人与自然的和谐相处，还包括人与人、人与社会的平衡协调。人类的一切行为都应当顺时而为，避免不时而为，只有这样才能达到个人身心、人与自然、人与人的和谐。

总之，董仲舒的生态思想是在天人合一理念的框架下，将人与自然视为一个有机整体，提倡"天人一体"，顺时爱物，追求天、地、人的和谐统一。对于在现代生态文明建设中，指导人们从根本上更有效地保护和优化生态环境，从而构建个体身心、人与自然、人与社会、人与人的美好生态空间，具有丰厚的理论源泉和重要启示，对于应对全球生态危机，解决生态问题，同样可以提供理论参考和现实借鉴。

九、养生思想

养生是儒家孝道思想的必然产物。身体受之于父母，爱护身体、保养生命，是对父母的尊重和孝敬。《论语·述而》篇说："子之所慎，齐（斋）、战、疾。"疾是身体有疾病，孔子将其视为与祭祀和战争同样需要谨慎对待的事情。《论语·乡党》篇记录了一件事：季康子送给孔子一服药，孔子虽然拜谢，但"不敢尝"，因为孔子说我还不了解它的药性，不敢轻易服用。可见，儒家的生命观是对自然生命的高度尊重和谨慎关切。

董仲舒继承发展了自孔子以来的儒家养生思想，吸收融合当时流行的黄老思想中的养生内容，提出了更加系统化、科学化的养生思想。他的养生观以天道为出发点和核心，主张遵循天道，养生与养德、治身与治国的和谐统一，最终达到天人和谐、身心和谐、社会和谐。

（一）养生与养德

儒家历来就有"养生必养德"的观念，孔子所说的"仁者寿"，《礼记·大学》中的"德润身"都是将养生与养德联系起来。唐代医药家孙思邈在其《千金要方·养性序》中说："德行不充，纵服玉液金丹，未能延寿。"如果德行缺失，纵使有灵丹妙药，也会影响寿命。"养生"在董仲舒看来，也有两重含义：

一是保养外在的自然生命；二是涵养内在的道德生命，且后者更加重要。我们先来看看如何保养外在的自然生命，也就是"养体"。

1. 珍视生命

董仲舒认为，人是天地自然的产物，与自然有着内在的生命联系，而天地万物中人是最宝贵的。董仲舒高度赞美和肯定了人的生命，"天地之精所以生物者，莫贵于人"（《春秋繁露·人副天数》），人是天地所生，人何其宝贵，所以要珍视生命。

董仲舒遵循《春秋》大义，反对战争，始终将人的生命放在第一位。《春秋》记载最多的是战争，有战争，必有伤亡。《春秋繁露·竹林》说："《春秋》之法，凶年不修旧，意在无苦民尔；苦民尚恶之，况伤民乎？伤民尚痛之，况杀民乎？……今战伐之于民，其为害几何！"不能让百姓在灾凶之年修城筑屋，是不愿再劳苦百姓。劳苦百姓都厌恶，何况伤害百姓呢？伤害百姓则心痛，更何况杀害百姓呢？所以那些动不动就发动战争的人，是《春秋》最痛恨的。这是董仲舒爱护百姓生命、厌恶战争的根本态度和立场。

《春秋》还记载了一场战争：楚宋围城之战，这是一场旷日持久的战争，楚军包围宋国都城长达九个月。楚军远征作战，还剩下七天的军粮；宋国被围困，国人饥饿难忍，以至于"易子而食，析骸而炊"，粮食没有了，只得吃孩子，自己的孩子舍不得吃，两家就换着吃。没有柴烧了，就把死人的骨头劈开当柴烧。惨烈之状，令人不忍卒听。有一天晚上，宋将华元与楚将司马子反见面，子反听到这种情形，大惊失色，马上就把楚军的军情据实相告，说我们还有七天粮食，你们不要投降，再坚持几天，我们就退兵了。司马子反的行为令楚王大怒，但最终楚宋订立了盟约，楚军退兵，解除了宋国的围城之困。按《春秋》的法则来说，国家大事，大夫不应该擅自做出决定，但司马子反不忍心看到宋国人的凄惨状况，他的行为看似专政轻君，而《春秋》却赞美他，为什么？只是因为司马子反同情宋国百姓。在生命面前，宋人与楚人没有差别，战争的胜败得失微不足道，所以《春秋》大为褒扬。所谓"当仁不让，一视同仁"，就是对生命出于本心的仁爱和珍视。

2. 保养生命

对于个体意义的生命，董仲舒遵循天道，寻求养生的道理。俗话说"民以食为天"，那么我们就来看看董仲舒在饮食方面的养生方法。

阴阳、四时、五行都有其运行的规律，决定了万物如何生长。天有道，食亦有道，关键是洞察天意。董仲舒说："天有两和，以成二中，岁立其中，用之无穷。"（《春秋繁露·循天之道》）"两和"是东、西方之和，指四季中的春分和秋分；"二中"是南、北方之中，指夏至和冬至。冬至的时候，阳气初生，万物生长于地下；夏至的时候，阴气初生，万物生长得最茂盛。但冬至生长于地下的物种，如果不经过春分之"和"，就不可能继续生长；夏至在地上生长茂盛的物种，如果不经过秋分之"和"，也不可能成熟。所以，董仲舒说，冬至的目标是春分，夏至的目标是秋分。同时，如果没有冬至和夏至，就更谈不上春分和秋分了。"两和"和"二中"，春、夏、秋、冬周而复始，循环运转。用现在的话就是，"没有哪个春天不会到来"，"没有哪个冬天不会过去"，天道的设计和运行极为缜密和完美。

天道既然如此美好，那么在任意时间节点都会生长出最合适的物种，来传达天意，把天地孕育得最丰盈、最饱满的精华呈现出来。所以从大地生长出来的，是上天赐予人类的各种美好食物，人们可以用它来养身。董仲舒主张吃时令蔬菜有益于养生，他以当时常见的两种蔬菜荠菜和荼菜为例说明：冬季生长荠菜，味道是甜的，说明冬季适合吃甜味食品；夏季生长荼菜，味道是苦的，说明夏季适合食用苦味的荼菜。中医也认为，夏天是火气，心火当令，人们容易心火过旺，出现口舌生疮等症状，苦味可入心经而降泄心火，食用苦味蔬菜对人体有益；冬天为水气，荠菜生长茂盛，借着水气，味道甘甜，可以滋阴养人，战胜寒冷，所以冬天多吃荠菜有好处。

其实，在中国传统观念中，春、夏、秋、冬分别对应着酸、苦、辛、咸等不同味道，这也符合阴阳五行的规律。天不言不语，万物看起来自然生长，实则有天道主宰。董仲舒如同一个天道的解读者，他把抽象隐晦的玄妙道理，直接转换成可见的实际生活经验。"君子察物之异，以求天意，大可见矣"（《春秋繁露·循天之道》），认真观察天道，就可以掌握饮食的规律。比如当万物生长茂盛的时候，唯独有一种生物在此时死亡，如果它能食用，则是美食，肯定对身体有益；如果不能食用，则必须抛弃。相反，当万物死亡之时，唯独有一种生物生长旺盛又可食用，那么人可以多吃无害；如果人不能食用，可以饲养家禽。这是依据万物生死的规律来选择食物，也是最好的养生方法。比如人们常常说的"冬吃萝卜夏吃姜，不找医生开药方""夏天一碗绿豆汤，解毒去暑赛仙方""热天一块瓜，强如把药抓"，等等，都是古人从生产生活中总结出的养生智慧。

除了饮食，人的居处、穿衣等日常行为和活动，也与养生有密切的关系。董仲舒提醒人们从生活的细微之处认真体察，要随时注意时节转换、冷暖更替，以此来安排生活中的衣食住行，谨慎对待动静起居，这样在保养生命方面就不会有大的过失。比如，衣服要保持清洁，冷暖不失调；吃饭不能过饱，身体不能长久安逸，要经常活动。董仲舒说这样就可以得到天地安适之道，生命得到保养，寿命自然就会长久。

3. 仁义养心

在董仲舒看来，养生与养德是统一的。人的生命宝贵，保养外在的自然生命固然重要，但是涵养人的道德生命更加重要。

董仲舒在《春秋繁露·竹林》篇中说："天之为人性命，使行仁义而羞可耻，非若鸟兽然，苟为生，苟为利而已。"上天赋予人生命，让人奉行仁义而以做可耻的事情为羞，不能像鸟兽那样，只是苟且偷生贪图财利而已。人必须有道德追求和精神境界，有人格担当和生命价值，这是人与动物的根本区别。所以说在人的生命之上，还有更重要的价值和意义，即仁义道德高于人的生命。董仲舒认为，天养长万物，天的心意是仁爱的，人就要取法天之道，修养仁德。以仁义涵养道德生命，是精神追求的至高境界和最终归宿。

董仲舒在《春秋繁露·身之养重于义》篇中指出："天之生人也，使生义与利。利以养其体，义以养其心。心不得义，不能乐；体不得利，不能安。义者，心之养也；利者，体之养也。体莫贵于心，故养莫重于义。"人生来就有义和利，生命躯体宝贵，用物质的利来养，身体中最可宝贵的是"心"，要用仁义来涵养。这里的"心"指的就是人的精神道德。以义养心，即使生活贫穷，仍安贫乐道，乐在其中；相反，有些人拥有很多财富，足以富养其身，可缺乏仁义道德，就会遭受大的羞辱，终身也不会快乐。董仲舒所讲的"仁"，是爱人，最大限度地推广仁爱，不仅爱自己，还要爱其他人，以至于"遍爱群生"，鸟兽虫鱼莫不爱；所讲的"义"，是正己正身，切己自省，"躬自厚而薄责于人"，自己做得正当合适，那么就可以说是仁义之人了。

那么，如何以仁义养德呢？董仲舒提出"爱气养生"的观念，"凡养生者，莫精于气"（《春秋繁露·循天之道》），天赋予人的真气比衣食更为重要。缺乏衣服食物，生命尚且可以维持一段时间，而真气耗尽，则生命随即结束。如何爱护真气呢？"凡气从心，心，气之君"（《春秋繁露·循天之道》），养生有道的人都把"心"作为根本，也就是以仁义修养心性，消除内心的邪恶念头，使内心和乐安宁。内心平静了，精神也就安定了，自然能够培养出浩然正气。董仲舒将心、意、神、气四者相连，指出心才是气的主宰，提醒人们"养气"先需"养心"。这与中医的理论不谋而合。《素问·灵兰秘典论》中说："心者，君主之官也，……故主明则下安，以此养生则寿。"强调养心的重要性。"心安则气顺，气顺则神明，神明则延寿"，平和的心态能使气血调和、脏腑和谐、正气旺盛，从而增强机体免疫力，促进身心健康。

有仁德的人都善于养心，董仲舒说："仁人之所以多寿者，外无贪而内清净，心和平而不失中正，取天地之美以养其身，是其且多且治。"（《春秋繁露·循天之道》）身与心的高度和谐，会使人延年益寿。这种内外自然融洽，中正平和的生命状态，也是董仲舒所说的真正仁者的状貌气象："其心舒，其志平，其气和，其欲节，其事易，其行道，故能平易用和理而无争也。如此者，谓之仁。"（《春秋繁露·必仁且智》）有仁德的人大多长寿，其原因是不贪求外物而内心清净，心境平和而保持中正，选择天地间美好的事物来保养自己的身体，因此他的内气就很充沛。仁者修养身心，精神的愉悦和道德的满足感都有助于身心的安泰。"仁者寿"的"寿"不只是指生命在时间长短上的延续，而是精神生命质量和状态的美好，即生命合于天道，以和谐安乐的方式存续或结束。

董仲舒所说的养生一定是内外兼修的，让外在的生命和内在的精神始终处于一种安泰平和的状态，董仲舒称之为"外泰"和"内充"。这与中医养生历来重视"形神共养"相一致，也与现代意义上世界卫生组织对"健康"的定义相吻合："健康是身体上、精神上和社会适应上的完好状态，而不仅是没有疾病和虚弱现象。"可见，健康不仅是生物学上的状态，也是精神和社会关系上的良好状态。而且在董仲舒看来，"内充"比"外泰"更重要。百岁老人长寿的秘诀一定不是依靠各种营养品，而是拥有一颗平和、乐观、豁达的心。

因此，养生需要保持健康的精神状态、稳定的情绪，避免因情绪过激而影响人体机能。董仲舒说："忿恤忧恨者，生之伤也；和说（悦）欢喜者，生之养也。"（《春秋繁露·循天之道》）愤怒、担忧、忧愁、怨恨，都对生命有害；和乐欢喜之情则会滋养生命。健康的心态对于养生而言极为重要。现代社会竞争激烈，人们常常感到"压力山大"，负面情绪堆积无处宣泄，长此以往对健康危害极大，因此我们要予以重视，积极寻找适合自己的养心之道。

（二）治身与治国

董仲舒讲究以"中和之道"治身。儒家的"和"的思想大致包括三重含义：天人和谐、身心和谐、社会和谐。董仲舒的《春秋繁露》中"和"字共出现了 75 次，基本也包括了这三方面的含义。董仲舒将治身与治国联系起来，"中和"之道不仅用于治身，最终还归结到治国理政上来。

"中和"是宇宙万物和人类社会最理想的状态。《周易》的"泰卦"，上坤下乾，天地感通，《象传》解释道："天地交而万物通也。"天本在上，地本在下，而"泰卦"的卦象是天在下、地在上，这样天地就产生交感，相互交流，万物才可顺通，所以"泰"为吉。董仲舒说，天地之间充满了阴阳之气，天和人发生的关联沟通，都是通过气进行上下传递。天地万物产生感通，才能达到"和"的状态和境界。所以董仲舒说"举天地之道，而美于和"，所有的天地之道中，和气是最美好的，"和者，天之正也，阴阳之平也，其气最良"（《春秋繁露·循天之道》）。

1. 中和治身

董仲舒肯定了以中和之道治身与人的生命长短的密切关系，他说："得天地泰者，其寿引而长；不得天地泰者，其寿伤而短。短长之质，人之所由受于天也。"（《春秋繁露·循天之道》）人的寿命短长的体质，是从上天接受来的。得到天地中和之道的人，他的寿命得到延伸而长久；得不到天地中和之道的人，他的寿命受到损伤而短促。在这里董仲舒客观论述人的先天体质和后天养生对于生命长短的影响。人的天赋体质是生命长短的根基，而是否注重养生，使天赋体质得到最充分地生长和发展，也是影响生命长短的关键因素。所以人的寿命长短是在天赋体质和养生之道相互影响、相互作用下的结果。

人的寿命长短虽由天定，但更在人为。董仲舒进一步指出，有些人行为放荡却寿命长久，这是因为天赋体质强而活得长；有些人行为端正却寿命短促，这是因为天赋体质弱而生命短促。不能因为看到这些情况就怀疑养生之道的作用。因此如果天赋予人的寿命长久，可是人却伤害它，长久的寿命也会缩短；天赋予人的寿命短促可是人注重保养，短促的寿命也会延长。那么，最好的养生之道就是"得天地泰"，正如泰卦一样，内安外养，上下感通，保养中正平和之气，这样才能保证身体康健。现代社会很多不健康的生活方式，比如熬夜、久坐、长时间使用电子产品、饮食不健康、作息不规律等，严重损害了人们的身体健康，出现了重大疾病年轻化的趋势，这一点应该引起大家的高度重视。

2. 中和治国

董仲舒认为"中和"之道既可"养其身"又可"理天下"，既是养生原则，又是治国原则。董仲舒说："能以中和理天下者，其德大盛，能以中和养其身者，其寿极命。"（《春秋繁露·循天之道》）懂得以中和来治理天下的人，他的德行盛大完美。在董仲舒看来，理想的社会应该等级有序、上下和洽。为了达到这种理想，圣明的君主就应该以中和治国。"中者，天地之美达理也，圣人之所保守也"（《春秋繁露·循天之道》），中和是天下最好的常理，也是圣人所遵循的。如果君主能够做到中和施政，就会出现"元气和顺，风雨时，景星见，黄龙下"（《春秋繁露·王道》）等天人和谐的景象。

对于治身与治国的关系,《春秋繁露·王道》中说:"治身者,务执虚静以致精;治国者,务尽卑谦以致贤。"人的心境能做到清虚恬静,从而集精气于自身;治国者能谦逊恭敬,就可以汇聚贤才,这是一样的道理。从天道到具体的处理政事方面,董仲舒说:"凡择味之大体,各因其时之所美,而违天不远矣。"(《春秋繁露·循天之道》)意思是人们选择食物味道的关键,凡是依据那些符合时令生长得好的东西,这就与上天之道相隔不远,很接近了。《汉书·召信臣传》记载了汉元帝竟宁年间(前33),冬天在太官园种植生葱、韭等蔬菜,要在暖房里种,日夜烧火保持温度。召信臣认为这些不是按季节生长的,吃了有害健康,不适宜用来供给皇宫使用,于是奏请皇帝取消种植。这样不但有利于养生,每年还可以节省数千万的费用,节俭治国。唐贞观十九年(645),也有人在地下生火种菜,唐太宗远征高丽,班师回朝时,有人奉上这些违反时令的鲜菜,也因为耗资巨大而被革职。可见,提倡食用时令蔬菜,在古代不仅仅是基于养生的考虑,更是基于治国为政的考虑。

中和思想在今天仍具有重要的现实价值。当今时代,人与人、人与社会、人与自然的冲突,以及不同文明之间的冲突,在一定程度上已经成为社会发展的障碍。借鉴董仲舒"以中和理天下"的智慧,不但有助于化解这些冲突,而且对于人类命运共同体的构建、现代文明的发展也是很有帮助的。

总之,董仲舒的养生观,从天道信仰,到切切实实关照人的精神和人事政治,将养生与养德、治身与治国相统一,以人为本,以民为本,处处体现着对人生命价值的褒扬和肯定。从董仲舒本人的生命历程看,尽管他一生宦海浮沉,仍能得享高寿,拥有饱满的生命气象和旺盛昂扬的生命创造力，这应该与其体察天道，循天养生，注重养心养德有着密切的关系。董仲舒的循天养生之道对于今天的人们来说，仍然具有很多有益的启示。

十、美学思想

（一）自然美学

自然物象之美，在于人可以从中感受到某种道德品格之美。自然事物的某些特质与人的道德品格可以相比附，这就是"比德"。儒家的"比德"思想十分丰富。"知者乐水，仁者乐山"，是以山水比德；"岁寒，然后知松柏之后凋"，是以松柏比德；"温润而泽，仁也"，是以玉比德。

董仲舒的自然美学思想，主要体现在《春秋繁露》的《山水颂》和《执贽》两篇。

《山水颂》继承了先秦儒家山水比德的思想并做了充分发挥。前半部分写"山"，赞美山的高大雄伟，长久不会崩塌，就像仁人志士一样；赞美山的无私无欲，出产宝贵的物品，供给各种器物，有许多功用却沉默无言，如同君子之德。后半部分写"水"，从自然之水的形态、运动，歌颂人具有的智慧、勇敢、知命、仁德等美好品质。

这篇文章文辞优美、富有气势，我们来欣赏其中的两句。先看写"山"的：

积土成山，无损也；成其高，无害也；成其大，无亏也。小其上，泰其下，久长安，后世无有去就，俨然独处，惟山之惪（德）。

意思是：堆积泥土成山，对于万物来说并没有减少；山变高，对于万物没有损伤；山变大，对于万物也没有亏损。山顶狭小，山下阔大，长久稳固安定，很多年也不会改变迁移，庄重威严地矗立在那里，这就是山的德行。

再看写"水"的：

赴千仞之壑，入而不疑，既似勇者；物皆困于火，而水独胜之，既似武者；咸得之而生，失之而死，既似有德者。

意思是：奔流进千仞深的山涧而毫无迟疑，好像是勇敢的人；万物都被火所困厄，而水却独能制胜，好像是有威力之人；万物都需要得到水才能生存，失去水就失去生命，就像是有德行的人。

在《执贽》篇中，董仲舒讨论了与人见面时所持礼物的象征意义。古代初次拜见尊长时所送的礼物叫"贽"。每一种礼物都既代表用贽之人的品德，又代表用贽之人的职责。具体而言，是把鬯、玉、羔、雁分别作为天子、公侯、卿、大夫四个等级的象征物。

天子用鬯。鬯，就是鬯，一种用郁金草和黑黍酿成的香酒。董仲舒认为鬯非常纯粹，毫无渣滓，和圣人纯粹无瑕的品质类似，而且它的芬芳之气可以通达上天，所以天子以鬯为贽。

卿用羔。董仲舒认为羔羊有角而不用，这和仁者类似；捉住羔羊时，它也不鸣叫，宰杀它时，它也不号泣，此又与为正义而死的人相似；羔羊吃奶时，一定会跪下来，这和懂得礼的人相似。卿也应该具有仁义礼的美德，所以卿要以羔羊为贽。

大夫用雁。董仲舒认为大雁具有飞成行、止成列的特征，这与长者行进时按照次序先后相随，并且一定会恭敬地排成整齐的行列十分相似，所以大夫要以雁为贽。

公侯用玉。玉和君子之德类似，这是儒家的传统看法。董仲舒吸取了孔子论玉的观点，对玉作了如下论述：

> 玉至清而不蔽其恶，内有瑕秽，必见之于外，故君子不隐其短。不知则问，不能则学，取之玉也。君子比之玉，玉润而不污，是仁而至清洁也；廉而不杀，是义而不害也；坚而不礜（磨），过（温）而不濡，视之如庸，展之如石，状如石，搔而不可从绕，洁白如素，而不受污，玉类备者，故公侯以为贽。

意思是：玉极其清洁而不遮蔽自己的缺陷，里面有瑕疵污秽，那么一定会在外面表露出来，所以君子不隐蔽自己的短处，不知道的事情就向别人请教，不会做的事情就去学习，这些都是效仿了玉的品德。君子的品德可以和玉相类比，玉润泽而不污秽，这就像是具有"仁"的品德而极其清洁一样；有棱角而不伤人，这就像具有"义"的品德而不伤害人一样；坚硬而不会被磨灭，温润而不柔弱。乍一看上去很平常，仔细观察像石头，可以折断却不可以被弯曲，像没有染色的绢一样洁白而不被污染。玉具有以上各种美德，所以公侯用它作为见面时的礼物。

无论是《山川颂》还是《执贽》，其中的自然美学思想在继承先秦比德思想的基础上都有所发展。一方面，所比的范围扩大了，不只是"比德"，也是"比职"。畅的香气上通于天，天子以畅为贽，可知天子的职责也应上通天道；大雁飞行有法度规矩，大夫以雁为贽，可见大夫的职责也与法度规矩有关。另一方面，等级秩序十分明显。在先秦儒家的比德思想中，用来比德的自然物，不管是山、水还是竹、玉，都没有等级差别，而董仲舒把畅、玉、羔、雁及其所比拟的伦理道德都纳入了汉帝国的等级秩序之中，有了一个从完美到不完美的优劣秩序。畅是最完美最纯粹的礼物，所以天子来用；玉虽然有瑕疵但不遮掩，所以公侯来用。

（二）音乐美学

儒家重视礼乐，认为乐与礼密切联系，在人类生活中居于重要地位。董仲舒在《春秋繁露·立元神》中提出天、地、人是万物之本，三者分工不同，天生长万物，地养育万物，人成就万物，具体而言就是"天生之以孝悌，地养之以衣食，人成之以礼乐"，人成就万物靠的就是礼乐。董仲舒更是提出"无礼乐亡其所以成"的观点，认为没有礼乐就会上下无别，毫无秩序，自然就会走向危亡。

董仲舒的音乐美学思想主要包括他对于音乐的本源、制作法则、社会功用、审美标准的论述。

关于音乐的本源，董仲舒将其归于自然人性。《春秋繁露·楚庄王》中说"乐者，盈于内而动发于外者也"，"乐为应人作之"，音乐是情感涌满于内心而表现出来的，是根据人心来制作的。在回答汉武帝的策问时，董仲舒说"声发于和而本于情"。音乐发端于人的情感，人的情感借助声音表达出来，内外结合就形成了音乐。那么，人的情又来自哪里呢？董仲舒认为人的情性发端于天，"人之情性有由天者矣"，所以音乐实际上也是以天为本的。

董仲舒提出王者作乐是为了"见天功"的观点。他认为王者受命于天，为了表示他是承受天命而不是因袭前王，就必须进行"改制"，改变旧的制度，但是音乐却要等到王者用新制度成功治理社会之后，才能制作新王朝自己的音乐，表示天命的成功。改制，是为了"明天命"；作乐，是为了"见天功"。可见，在董仲舒思想中，天是音乐最终的本源。

关于音乐的制作法则，董仲舒重视"民心"，认为一定要根据人民所喜欢的根本大事，做到与时俱进。他举了虞舜、夏禹、商汤、周文王时期的作乐法则：虞舜时期，人民喜欢虞舜继承唐尧的功业，所以乐曲叫《韶》，韶的意思就是"绍"（继承）；夏禹时期，人民喜欢他们三个圣人先后相继，所以乐曲叫《夏》，夏的意思就是"大"（伟大）；商汤时期，人民喜欢商汤救民于苦难之中，所以乐曲叫《頀》，頀的意思就是救护；周文王时期，人民喜欢文王兴兵征讨暴君，所以乐曲叫《武》，武的意思就是征伐。四位圣王，四首乐曲，各自都顺应了人民对他们的爱戴。

关于音乐的社会功用，董仲舒认为"仁义礼乐"都是"王道"的工具，其中乐"和政""兴德"，具有和谐政治、倡导道德的作用。他在《春秋繁露·玉杯》中对六经要旨进行概括时，提出"《乐》咏德，故长于风"，认为《乐》是歌颂圣王之德政的，所以它的特点在于创造良好的社会风气。在《天人三策》中，董仲舒也强调"乐者，所以变民风，化民俗也；其变民也易，其化人也著"，意思是音乐是改变民风、感化民俗的最好手段，因为它很容易影响人心，所以对人的感化作用非常显著。这些都说明董仲舒强调音乐的社会教化功用。

关于音乐的审美标准，董仲舒秉承"中和"为美的理念，提出"志和而音雅"，即心志平和，声音优美。

（三）服饰美学

董仲舒的服饰美学思想主要在《春秋繁露》的《服制像》

和《服制》两篇中有充分的阐述。

在《服制像》篇，董仲舒指出了"服制"与"天命""礼制"的内在联系。"服制"是"天命""礼制"的外显；"天命""礼制"是"服制"的内涵。人类通过剪裁自然、运用色彩，装饰自身，体现礼仪，顺应天命。董仲舒描述了人的四种最盛大的配饰：宝剑佩在身体左边，这是青龙的象征；宝刀戴在身体的右边，这是白虎的象征；黻（fú）戴在身体前面，这是赤鸟的象征；冠帽戴在头上，这是玄武的象征。他将这四种灵兽纳入诠释"天"的基本构成的"五行"系统，使之与"五行"的"木火土金水"，"五方"的"东南中西北"和"五色"的"青赤黄白黑"对应并举，从而使宝剑、宝刀、黻、冠帽这四种配饰都具有了"服制象天"意味，具有了天的权威。董仲舒认为服装不但具有"盖形暖身"的实用价值，而且具有"明别上下"的社会价值。如果只是为了遮羞保暖，那根本没有必要"染五采、饰文章"。衣服的外部装饰是一个人社会地位和政治权利的标识，具有政治伦理价值，是礼制的重要内容。

在《服制》篇，董仲舒论述了不同等级的人在服饰上的不同规定，提出"虽有贤才美体，无其爵，不敢服其服；虽有富家多赀（zī），无其禄，不敢用其财"，即使有贤明的才干和俊美的体态，没有相应的爵位，就不能穿相应爵位的衣服；即使家庭富裕、钱财众多，没有相应的俸禄，就不能使用相应的钱财。

我们常说"量体裁衣"，但在董仲舒这里，应该是"度爵制服"。"爵位"是"制服"的前提和依据。同样的衣服，不同等级能够穿着的场合也是不一样的。天子穿的有华美花纹的衣服，诸侯闲居时就不能够穿，而只是在祭祀时才能穿；大夫穿的有边缘装饰的衣服，士闲居时就不能够穿，而只是在祭祀时才能穿。可见，地位高的人穿的常服，是地位低的人穿的礼服。还有一些贵重的衣服，地位卑下之人是不能穿的。比如工匠、商人不能穿用狐皮、貉皮做成的衣服，受过刑罚和正在服刑的人不能穿用丝绸做成的衣服。董仲舒认为，只有"贵贱有等、衣服有别"，各个阶层才能各安其位，社会才能稳定和谐。

社会各阶层的固定服饰，成为识别社会成员的重要标志。正如张铭远先生所讲："中国的'服制鼎成'是以严格的等级界线为前提的。……即便是在官服约束之外的人们，也都规规矩矩、自然而然地把自己归入社会集团的某一类，依照同类成员的一般习惯进行装束。身为布衣的平民百姓觉得自己生来就该穿着'布衣'，而那些像孔乙己似的酸秀才，则是至死也不肯脱下自己的长衫的。"即便在服饰多元化的今天，服饰的等级色彩已然消退，但是在不同的场合，面对不同的对象，得体适宜的服饰仍然是知礼尊礼的表现。

总之，董仲舒的美学思想，无论是其自然美学、音乐美学还是服饰美学，其实质都是"政治美学"。他谈论审美或艺术问题都是为了更好地证明汉帝国的合法地位并实现汉帝国的长治久安，带有很强的功利色彩和目的性。因此，董仲舒是实现了从先秦"道德美学"到汉代"政治美学"转化的奠基人物。

1. 善无小而不举，恶无小而不去。

【出处】《春秋繁露·盟会要》

【译文】对于善事不因为它小就不举出，对于恶事不因为它小就不摒除。

【赏析】《春秋繁露·王道》篇也有一句和这句话相类似的表述："善无细而不举，恶无细而不去"。董仲舒为什么对细小的善、恶如此在意呢？因为他认为天下大乱之源便开端于这些细小的恶。起初或许只是天子在细小的丧礼、婚礼上的失仪，后来就到了手足相残等人伦大变，导致的结果是"王室乱"，随之而来的是诸侯的不尊王室，不讲礼义。董仲舒此言或受《周易·系辞下》中"小人以小善为无益而弗为也，以小恶为无伤而弗去也"的影响，也让我们联想起刘备那句有名的遗训"勿以恶小而为之，勿以善小而不为"。善恶有大小之分、微著之别，但只要是"善"，即使是微不足道，也应努力"为之"；只要是"恶"，尽管并非大错，也断不可为。

2. 君子慎小物而无大败也。

【出处】《春秋繁露·循天之道》

【译文】君子谨慎地对待小事情就不会造成大的过失。

【赏析】《循天之道》篇主要是讲养生之道的，这句话虽然讲的是君子养生的道理，但是在君子人格修养方面同样适用。董仲舒重视"慎微"，强调君子在微小之处应该格外谨慎。他在《天人三策》中说："尽小者大，慎微者著。"用心谨慎地对待每一件微小的事情，才能成就高尚的德行和伟大的功业，否则就会造成无法挽回的损失。习近平总书记在讲话中引用《新唐书》的"奢靡之始，危亡之渐"，同样也是说明这个道理。对于党员干部应该加强"慎微"教育，因为"君子慎小物而无大败也"。

3. 矫者不过其正，弗能直。

【出处】《春秋繁露·玉杯》

【译文】把弯的东西扳正，不超过它的限度就不能够使它直。

【赏析】"矫枉过正"这一成语之意最早就是出自这里。这句话是董仲舒在评论《春秋》中"赵盾弑其君"这件事的时候提出来的。晋国的国君晋灵公暴虐无道，作为晋国"正卿"的赵盾屡次进谏而不听，还千方百计想要杀掉赵盾。赵盾被迫逃亡。不过，他还没有逃出晋国国境，他的一个本家弟弟赵穿就把晋灵公杀死了。于是，赵盾就又回来继续主持国政。晋国的太史董狐认为，赵盾出逃还没有越过国境，返回又不惩处弑君的凶手，难逃干系，于是就在史书中记下了"赵盾弑其君"。孔子在编订《春秋》时，也沿用了这一说法。《春秋》为何非得给不在犯罪现场的贤臣赵盾扣上"弑君"的大帽子呢？董仲舒认为这体现了《春秋》的一个重要原则，就是：因为赵盾贤能，所以他的不合理的行为容易被光环所掩盖，人们都看到他好的一面，就不知道他犯下的罪行，因此就要给他加上大的罪过，加以严厉批评，为的是促使人们深思、省悟、回归正道。这就是"矫枉过正"。

4. 义不讪上，智不危身。

【出处】《春秋繁露·楚庄王》

【译文】坚持道义而不诽谤尊上，运用智慧而不使自身遭遇危险。

【赏析】《春秋》对于昭公、定公、哀公的过失都用比较隐晦的"微辞"来表述，这是因为孔子就生活在鲁国这三位君主在位之时，所以对于直接领导，不管是出于道义，还是出于明智的考虑，都应该格外谨慎，对于他们的缺点、错误、过失，要委婉地批评、隐讳地指出，不能使自己陷于危险。这是古代知识分子"苟全性命于乱世"的处世智慧。《诗经·大雅·烝民》说："既明且哲，以保其身。"既明事理又有智慧，善于保全自身。《论语·宪问》中记载了孔子之言："邦有道，危言危行；邦无道，危行言孙（通"逊"）。"政治清明的时候，言语正直，行为正直；政治黑暗的时候，行为正直，言语谦顺。能够做到守经达权、畏与义兼的才是真正的君子。

5.《春秋》之道，固有常有变，变用于变，常用于常，各止其科，非相妨也。

【出处】《春秋繁露·竹林》

【译文】《春秋》的原则，本来就有恒定性和变通性，变通用在变通性的场合，恒定用在恒定性的场合，各有自己适用的范围，不相妨碍。

【赏析】董仲舒所讲的"常"与"变"的关系，相当于一般性和特殊性、原则性和灵活性的关系。在一般情况下，要坚持原则，不能任意改动；在特殊情况下，要灵活变通，不能死守教条。《孟子·离娄上》中记载了一则非常典型的事例：齐人淳于髡（kūn）问孟子：男女授受不亲是礼，可是，如果嫂子掉进水里，用手去拉她吗？孟子对此毫不迟疑地回答：嫂子掉进水里而不去救她，这简直是豺狼。男女授受不亲固然是礼制，援手救嫂则是变通的办法。礼制是可以变通的，当它与"仁"相违时，就可以，而且应该，冲破它。既注重原则性又强调灵活性，既懂得"常用于常"又懂得"变用于变"，这是中国人的性格特征和文化气质，也是"解放思想、实事求是"思想路线最直接的传统文化根源。

6. 礼之所重者在其志。志敬而节具，则君子予之知礼。

【出处】《春秋繁露·玉杯》

【译文】礼所重视的是内在的心志、动机。心存敬意，礼节周备，这样君子就会赞许其知礼。

【赏析】"礼之所重者在其志"，反映了董仲舒对人的内在心志的重视。董仲舒以《春秋》讥讽鲁文公"丧取"（在丧期娶亲）之事进行阐述。他认为，鲁文公虽然是过了守丧之期才娶妻，但是因为"纳币"（送聘礼）是在丧期之间，这说明他在丧期就有娶亲的动机，所以《春秋》对其进行讥贬。董仲舒重"志"，强调内在的心志要"敬"。董仲舒十分强调在礼的践行方面，要心存敬意，礼节周备，也就是说内外统一，内在的心志和外在的礼节相统一。尤其是对于至高无上的"天"，既不能丧失对天之"敬"，也不能缺少祭天之"礼"。在《郊事对》篇，他回答廷尉张汤对郊祭之礼的咨询，其中就包括一些具体操作的细节问题，比如皇帝要亲自主持祭祀，祭祀前要斋戒沐浴，祭品也不能马虎应付。礼的内在精神和外在形式缺一不可，这是儒家学者始终强调的。

7.《春秋》之听狱也，必本其事而原其志。

【出处】《春秋繁露·精华》

【译文】《春秋》审理案件，必定根据事实而探究当事人的动机。

【赏析】所谓"春秋决狱"，即以《春秋》经义和事例作为审判决狱的依据。我们通过其中一则案例，来看董仲舒是如何"本其事而原其志"的：一妇人的丈夫出海时遇大风落水身亡，找不到尸身所以不得下葬。后来妇人的母亲将女儿另嫁。按照律法，夫死未葬再嫁属于"私为人妻"，应该判处"弃市"极刑。但董仲舒认为，依据《春秋》之义，夫死无男，有更嫁之道，且妇人是受母亲之命再嫁，并无淫行之心，因此，并非"私为人妻"，不构成犯罪。"春秋决狱"给司法领域带来一股浓重的人情味。断罪量刑不仅要看事实，也要问动机，这在一定程度上舒缓了严刑峻法带来的紧张，但是，其弊端也不容忽视，那就是伦理之法的解释比较随意，容易造成滥用而无法可依。

8.凡人有忧而不知忧者凶，有忧而深忧之者吉。

【出处】《春秋繁露·玉英》

【译文】凡是人有忧患而不知道忧惧的就凶险，有忧患而深以为忧的就吉祥。

【赏析】从辩证的观点看，忧与喜、祸与福本就是相互依存、互相转化的，但是转化的一个重要条件就是面对"忧"的态度和所采取的行为。"有忧而不知忧"和"有忧而深忧之"，两种不同的态度，就会导致两种不同的结果，前者凶，后者吉。董仲舒以鲁桓公和齐桓公为例，进行对比说明。鲁桓公是杀死自己的哥哥隐公即位的，而且他不以此为忧，没有得民心、任贤才的举动，最后祸临其身，被齐襄公派公子彭生杀死。齐桓公的即位也不是光明正大的，然而他即位后深感恐惧，尊敬并任用贤人，用贤人来弥补自己的过失，懂得坚守信义，哪怕是被胁迫签订的盟约也不背弃，以此来为自己洗刷过错，于是成为贤明的君主，称霸诸侯。这就是"鲁桓忘其忧而祸逮其身，齐桓忧其忧而立功名"。中华民族是有忧患意识的民族，即使在和平年代，我们依然唱着"中华民族到了最危险的时候"，时刻提醒自己对可能遭遇到的困境和危难保持警惕。

9. 爱人之大者，莫大于思患而豫防之。

【出处】《春秋繁露·俞序》

【译文】最爱护别人的表现，没有比关心别人的祸患并提前加以预防更大的了。

【赏析】儒家忧患意识的核心要义是居安思危、有备无患，这充分体现了辩证思维的政治智慧。董仲舒是具有强烈忧患意识的思想家。他以鲁僖公和鲁庄公进行对比，说鲁僖公是等敌军侵犯到边境，才去拯救，《公羊传》只给他一个小小的表扬，而鲁庄公是在敌人未到的时候就预先防备，所以《公羊传》给他点了个大大的赞。董仲舒认为，统治者未雨绸缪，提前为老百姓预防祸患，才是仁的重要表现，才是"爱之大者"。所谓"思患而豫防之"，具体来说，就是要做到对和自己有仇怨的人不可亲近，对敌国不过分亲近，对喜欢抢夺盗窃的国家不长久亲近。和这些垃圾人、垃圾国保持距离，不给自己惹麻烦，也就是不给百姓惹麻烦。个人如果能够保持忧患意识，就会免遭祸患；国家如果能够保持忧患意识，就会长治久安。

10. 观物之动，而先觉其萌，绝乱塞害于将然而未形之时。

【出处】《春秋繁露·仁义法》

【译文】观察事物的产生，事先发现苗头，把祸乱消灭在将要发生而尚未成形的时候。

【赏析】这段话反映了董仲舒"防患于未然"的思想。这种"防患于未然"的思想，和中医里的"治未病"是同样的道理。古代名医扁鹊为大家熟知。然而谈及医术，他却说自己不如两位兄长：大哥医术最高，在病情尚未发作，病人尚未觉察之时，已帮病人除去病根；二哥次之，医在病初起之时，症状刚显，已药到病除；他最差，医在病情已很严重之时，不仅病人痛苦，且下大力气才得病除。虽然他看起来能起死回生，其实并没有两位哥哥医术高明。这则故事形象地说出了中医追求的最高境界——"治未病"。未发之病最难救治，未形之祸最难预防。苏轼的《晁错论》中说：天下的祸患，最难以解决的，莫过于表面上平安无事，实际上却存在着难以预料的隐患。如果坐观其变却不想办法解决，那么祸乱就会发展到无可挽回的地步。在表面"治平无事"时，看到内在的"不测之忧"，及时采取措施，防患于未然，这才是最为高明的智慧！

11. 天之生民，非为王也，而天立王，以为民也。

【出处】《春秋繁露·尧舜不擅移汤武不专杀》

【译文】上天生养百姓，并不是为了君主，但上天设置君主，却是为了百姓。

【赏析】在董仲舒构建的政治网络中，天、君、民是三个重要因素，它们之间相互制约平衡，这句话就反映出三者之间的关系。首先，"天—君"关系。董仲舒将君权的来源归于天，既赋予其神圣性和权威性，又用天道秩序对其进行约束限制，要求君主"法天之行"。"为民"是王的责任，"安乐民"是王的义务。否则，天就会夺其王位。"天之生民，非为王也，而天立王以为民也"两句，完全与"政府系为人民而存在，人民非为政府而存在"的思想相符合，这是以民为本的进步政治思想。其次，"君—民"关系。在君民关系中，董仲舒格外重视君主之德，君主之德乃是法天之德。如果"其德足以安乐民"，那么君与民就会在"天"的协调下达到和谐的统一。再次，"民—天"关系。在董仲舒的理论体系中，天意实质上是民意的化身。君对民的态度和行为，是天对君考核的内容。对民有利，君主才会受天奖赏，"天予之"；对民不利，君主就会遭天惩罚，"天夺之"。所以，"天"对"君"的制约，说到底是"民"对"君"的制约。由此，天、君、民三者形成了一个相互制约的有机整体。

12. 正心以正朝廷，正朝廷以正百官，正百官以正万民，正万民以正四方。

【出处】《天人三策》

【译文】（君主）先正心才能正朝廷，正朝廷才能正百官，正百官才能正万民，正万民才能正四方。

【赏析】由"正心"到"正四方"，层层推进，体现的是儒家的"内圣外王"之道。董仲舒十分强调君主以身作则，他在《春秋繁露·保位权》中说："为人君者，固守其德，以附其民，

固执其权，以正其臣。"君主"正己"才能够"附其民""正其
臣"。君主"正己"先要"正心"，将仁、义、礼、智、信的道
德要求纳入自己的态度体系，成为自己意识体系的有机组成部
分。君主只有将儒家道德内化为"知"，才能外显为"行"，真
正做到以身示范。君王内心诚正、以身作则，不仅可以使人间
的朝廷、百官、万民、四方得"正"，使社会上下浑然一体、教
化大成，还能使阴阳调和、风雨及时，万物和谐，人民长育，
五谷丰收，草木茂盛，四海臣服，祥瑞毕至，从而实现儒家所
提倡的王道政治。这就是董仲舒"以人感天"的思想。

13. 天地人，万物之本也。天生之，地养之，人成之。
【出处】《春秋繁露·立元神》
【译文】天地人，是万物的根本。天生长万物，地养育万
物，人成就万物。

【赏析】董仲舒认为君主治理国家最重要的是崇尚根本。什
么是根本呢？就是天地人。为什么天地人是根本呢？因为万物
的生长、养育、成就全依赖它们来完成。那么具体来说，君主
应该怎么对待"三本"呢？对待"天本"，君主作为"天子"要
事天以孝道，通过祭天祀地表达孝敬之意，而且，在社会中要
宣扬孝悌、表彰孝行。对待"地本"，君主须以身作则，亲耕藉
田，皇后须亲自采桑养蚕。对待"人本"，君主要担负起教化民
众的职责，设立各级各类学校，修习孝悌、恭敬、谦让等美德，
并用礼乐进行熏陶。由此可见，董仲舒提出的君主对待天地人
"三本"的主张与孔子的"庶之""富之""教之"思想遥相呼
应。对个体生命而言，"天生之，地养之，人成之"这是生命发

展的三个阶段；对整个社会而言，这是儒家治国的三个层次。

14. 亲近以来远，未有不先近而致远者也。

【出处】《春秋繁露·王道》

【译文】对身边的人亲善以吸引远方的人，没有不首先亲善身边的人而能够吸引远方的人归服的。

【赏析】"亲近来远"是儒家王道政治的一贯主张。董仲舒不但提出了"亲近来远"的总原则，还为王者实现"亲近来远"一统天下设计了"三步走"方略，那就是"内其国而外诸夏，内诸夏而外夷狄"。这里的内、外是相对而言的。对于鲁国来说，诸夏就是外，对于诸夏来说，夷狄才是外。《春秋繁露·俞序》中说《春秋》"详己而略人"，其中的"己"，指的就是鲁国，"人"，指其他诸侯国。《春秋》记鲁国事详细，记他国事简略，这是先安内、再安外的意思。有内外、有详略、有亲疏、有远近。这样，董仲舒把天下分为鲁国、诸夏、夷狄三个层次，提出：第一步先治理好自己的邦国，第二步治理好华夏各诸侯国，第三步教化周边夷狄。由内而外，由近及远，最后实现一统天下。儒家处理人与人之间的关系，要求根据亲疏远近，采用不同的对待处理方式。同样，这一理念也可以扩展适用于国家、民族间。大一统也不是一步到位的，而是循序渐进的。

15. 强勉学问，则闻见博而知益明；强勉行道，则德日起而大有功。

【出处】《天人三策》

【译文】发奋努力钻研学问，就会见闻广博使才智更加聪明；发奋努力行道，德行就会日渐崇高，而且获得大的功绩。

【赏析】此乃董仲舒回答汉武帝第一策关于天命的问题时所说，意在告诉汉武帝，作为君主只要勤勉努力就好了，"治乱废兴在于己"，国家的治乱废兴不是天命所定，而是在于自身努力。强勉，就是自主的、能动的进取精神。儒家一贯重视道德修养中人的主观能动性。《周易·乾卦·象传》云："天行健，君子以自强不息。"这代表着儒家的普遍观念，表达的是一种积极进取的精神。《礼记·中庸》讲："人一能之己百之，人十能之己千之。"勤勉努力能够改变先天之不足。董仲舒主张强勉学问，他本人就是一个强勉学问的儒者，留下了"目不窥园"的勤学故事。他勉励汉武帝要"夙夜不懈行善"，强勉学问，立身行道，正己以正百官，将自己所体认到的"天意""善道"外化。"人能弘道，非道弘人"，"行道"需要这种执着不懈的强勉精神。

16. 国之所以为国者，德也；君之所以为君者，威也。

【出处】《春秋繁露·保位权》

【译文】国家之所以成为国家，靠的是德政；君王之所以成为君王，靠的是权威。

【赏析】董仲舒既重视君主之"德"，也重视君主之"威"，认为德、威不可或缺。至于"德"，在董仲舒看来，作为一国之君的统治者必须施行德政，只有这样才能用道德团结人民、匡正臣下。要做到以德治国，君主必须"同民所欲"，想人民之所想，乐人民之所乐。至于"威"，董仲舒吸收了法家的势治理论。韩非子认为君主的统治是靠威势和权力，威势临下，民莫不服。《韩非子·五蠹》中讲了个故事：一个不成器的孩子，父母发脾气，他不改；乡人训斥，他无动于衷；老师教诲，他也不听；直到执法人员拿着武器前来搜捕的时候，他才害怕，赶紧改掉坏毛病。于是韩非子说"民固骄于爱，听于威"，"民者固服于势，势诚易以服人"，认为只要掌握了生杀予夺的权柄，有了威势就能进行统治。董仲舒在《春秋繁露·威德所生》篇说："为人主者，居至德之位，操生杀之势，以变化民。民之从主也，如草木之应四时也。喜怒当寒暑，威德当冬夏。"除了增加了一点春夏秋冬的比附之外，与法家势治的精神别无二致。

17.君子不耻其困，而耻其所以穷。

【出处】《春秋繁露·楚庄王》

【译文】君子不因遭遇困顿感到羞耻，而因导致困顿的行为感到羞耻。

【赏析】时运不济、生逢乱世本不是你的错，但是如果作为君主的你疏于治理，不守礼、不任贤，导致雪上加霜，那就是你的问题了。董仲舒以鲁昭公为反面教材，进行说明。他指出鲁昭公违背了当时"同姓不婚"的礼制。周代礼制规定"同姓不婚"，吴国和鲁国都是姬姓，不能通婚，可是鲁昭公娶了吴王长女，这是违背礼制的。鲁昭公不但不守礼，还不能任用孔子这样的贤人，所以把国家治理得一塌糊涂。这是他遭受困顿的原因，也应该以此为耻辱。董仲舒的这句"君子不耻其困，而耻其所以穷"，强调君主不守礼、不任贤就是"所以穷"的原因，君主应该以此为耻，这也从反面强调了"守礼"和"任贤"对于国家治理的重要性。

18. 自内出者，无匹不行；自外至者，无主不止。

【出处】《春秋繁露·王道》

【译文】从内心产生的贪欲，如果没有外物诱惑与之配合，则不能显现出来；从外界来的诱惑，如果没有内心定力主宰，则不会停止。

【赏析】这句话在《公羊传》宣公三年和《白虎通义·郊祀》篇都有出现，应该是一句古语。董仲舒举了"假虞灭虢"的历史故事说明这个道理。春秋时候，晋献公想要扩充自己的实力和地盘，就找借口说邻近的虢国经常侵犯晋国的边境，要派兵灭了虢国。可是在晋和虢国之间隔着一个虞国，讨伐虢国必须经过虞地。于是晋国便用千里宝马、白玉之璧，贿赂虞公，请借虞国之道。虞国的国君贪财，只看见了晋国的名马和玉璧，看不到借道的后果，最后落得个身死国灭的下场。所以董仲舒说"物不空来，宝不虚出"，财物不会凭空拿来，宝物不会无故拿出，天上不会掉馅饼。内有贪欲，外有诱惑，最终必将走上败亡之道。

19. 亡者自亡也，非人亡之也。

【出处】《春秋繁露·王道》

【译文】它的灭亡是自己灭亡的，而不是别人把它灭亡的。

【赏析】《春秋繁露·立元神》中有一句话表达了同一个意思："莫之危而自危，莫之丧而自亡。"就是没有人威胁而自己处于危险的境地，没有人要消灭他却自己灭亡了。董仲舒讲了很多古代君主版的"不作死就不会死"的例子。春秋时期的宋闵公是宋国第十七任君主，他的大臣南宫万力大无穷，屡立战功。有一次在和鲁国的战争中，南宫万中了箭伤被擒。宋鲁两国和好后，鲁国又把他放回来了。可是回来后，闵公动不动就当着满朝文武、后宫姬妾的面笑话南宫万做过俘虏，终于惹怒了南宫万，在一次博戏中把闵公的脖子折断了。董仲舒认为宋闵公是自失为君之礼，所以惹来杀身之祸。他还讲到梁国灭亡的例子。梁国国君对内无休止地役使百姓，老百姓受不了了纷纷逃亡，他又用残酷的连坐法恣意屠杀，最终把国家搞得就像鱼从腹中坏烂一样灭亡了。不管是宋闵公还是梁国国君，都严重违背了君主之德，"非人亡之"，而是自取灭亡。

20. 为人君者，谨本详始，敬小慎微，志如死灰，形如委衣，安精养神，寂寞无为。

【出处】《春秋繁露·立元神》

【译文】做君主的，应该谨慎地对待根本的、起始的事情，对细微的事情也持谨慎小心的态度。他的心志如死灰一样平静，他的形体如陈设的衣服一样无所作为，安心休养精神，寂寞而无有作为。

【赏析】一说到"无为而治"，很多人会认为这是老子及其道家学派的专利，实际上这是一种误解。"无为"是儒、道、法各家通用的概念、共有的思维模式，各家都认为"无为"是圣王明君之治的极致状态，只是各家赋予"无为"的内涵各不相同。道家的"无为"强调清静无事，法家的无为强调制度设置，儒家的"无为"强调统治者要端正自身、任用贤才。董仲舒虽然主张君主"无为"，但那只是最终的理想境界，在这之前君主的"有为"是重要且必要的。"谨本详始，敬小慎微"，这就是对君主"有为"的要求。君主从一开始就应该谨慎对待的一项重要任务就是选任贤才。董仲舒认为君主"劳于求贤"，才能"逸于得贤"，先行"有为"，才能实现"无为"，最终实现"居无为之位，行不言之教""以不求夺，以不问问"的高妙的境界。

21. 君者，民之心也；民者，君之体也。

【出处】《春秋繁露·为人者天》

【译文】君主，是人民的心脏；人民，是君主的身体。

【赏析】这是董仲舒"君民一体"的思想。首先，作为君主，一定要认识并处理好与百官和百姓的关系。君王不能凭借位高权贵而轻民，应该以民为贵，胸怀爱民之心，君民一体，才可得治世。其次，在管理体系中，必须有相当于"心脏"的核心领导层，而且这颗"心脏"要非常刚健、贤明，"身体"才能和顺、安稳。这就对上位者的德性修养提出了很高的要求。董仲舒认为，在这个庞大的国家治理机制中，只有君王这颗"心"正，才能带领百姓安居乐业，天下才得太平。对于今天的执政者来说，也应如此，只要是关涉国家治乱和民生问题，就必须真正意识到自己与百姓为一体，"脚下沾有多少泥土，心中就沉淀多少真情"。关切民众，体察民情，时刻把百姓放在心中，只有人民安居乐业，社会才能安定有序，国家才能长治久安。

22. 兴利之要，在于致之，不在于多少；除害之要，在于去之，不在于南北。

【出处】《春秋繁露·考功名》

【译文】谋取福利的关键，在于最终的获得，不在于行动的多少；消除祸害的关键，在于真正消除它，不在于采取什么手段。

【赏析】董仲舒认为圣人应该效法天道的生育养长功能为天下"兴利"。这种思想在《春秋繁露》的很多篇章都有体现。《诸侯》篇曰："古之圣人，见天意之厚于人也，故南面而君天下，必以兼利之。"古时候的圣人看到上天对人民十分厚爱，因此当他统治天下的时候，必定要使天下的人民都受到多方面的好处。在这里董仲舒不但指出圣人要效法天道，为民"兴利"，而且强调要"兼利之"，使老百姓的物质欲望得到多方面的满足，从而为社会治理奠定物质基础。董仲舒虽然主张"正其谊不谋其利"，但是为天下人民所兴的利是公利，区别于追求个人利益的私利。董仲舒尤其提倡注重实效的"兴利"，"兴利之要在于致之，不在于多少"，这或许是强调民众"获得感"的最早表述。

23. 使诸有大奉禄，亦皆不得兼小利、与民争利业，乃天理也。

【出处】《春秋繁露·度制》

【译文】使那些拥有高俸禄的人，也都不能兼有小利、去和人民争夺利益，这是符合天理的。

【赏析】董仲舒对为政者的一个基本要求就是"不与民争利"，这也是儒家仁政思想的一贯主张。在《天人三策》中，他举了鲁国国相公仪休"拔葵去织"的例子，说公仪休拔掉自家种的葵菜，休掉自己织布的妻子，因为他认为自己有俸禄就不能够与菜农、女工争利。董仲舒"不与民争利"的建议被汉武帝接受后，力行于政治改革之中。直到现在，我国的《公务员法》规定，公务员不得有"从事或者参与营利性活动，在企业或者其他营利性组织中兼任职务"等行为。官吏兼商、权钱通兑，违背"上天之理"，会给整个社会的政治、经济造成严重的混乱和危害。董仲舒"不与民争利"的思想，意义深刻，影响深远，值得深思。

24. 以所任贤，谓之主尊国安；所任非其人，谓之主卑国危。

【出处】《春秋繁露·精华》

【译文】任用了贤人，就会君主尊贵、国家安定；用人不当，就会君主卑弱、国家危亡。

【赏析】董仲舒在这里阐明了任贤则安、不任贤则危的道理。能否任人唯贤关系到国家兴衰、君主成败。《晏子春秋》中曾记载了一段齐景公与晏子的对话，很能说明这个道理。齐景公问晏子：过去我的先君桓公，只有战车三百乘，而能多次召会诸侯，安定天下。现在我有战车千乘，是不是可以成为先君之后称霸诸侯的人呢？晏子回答说，桓公之所以能一匡天下，并不是因为兵力强大，而是由于他左有鲍叔牙、右有管仲的辅佐。如今君主您前后左右都是倡伎、俳（pái）优、阿谀奉承之辈，纵然有兵车千辆，又怎么能赶得上先君桓公呢？齐桓公时"主尊国安"，是因为他有任人唯贤的智慧和识见；齐景公时却是"所任非其人"。亲小人，则必定远贤臣，不要说成就霸业，就是国家得以保全都是难以做到的。

25. 治身者，务执虚静以致精；治国者，务尽卑谦以致贤。

【出处】《春秋繁露·通国身》

【译文】保养身体的人，一定要做到清虚恬静，以此来获得精气；治理国家的人，一定要做到态度谦卑，以此来获得贤人。

【赏析】众所周知，贤才对于治国十分重要，那么如何把贤才召集来呢？董仲舒在这里指出"务尽卑谦以致贤"，要态度谦卑才能招来贤才。关于"礼贤下士"，历史上最著名的就是刘备"三顾茅庐"的故事，而西汉刘向的《新序·杂事》中则记载了齐桓公"五顾茅庐"的故事。齐桓公听说小臣稷是个贤士，一天，连着三次去见他，小臣稷都托故不见，跟随桓公的人就说："万乘之主，见布衣之士，一日三至而不得见，亦可以止矣。"齐桓公却说不可如此，因为贤士看不上爵禄富贵，所以才敢轻视君主；如果其君主看不上霸主之位也就会轻视贤士。纵然贤士可以傲视爵禄，我哪里敢傲视霸主呢？这一天，齐桓公接连五次前去拜见，才得以见到小臣稷。

26. 天积众精以自刚，圣人积众贤以自强。

【出处】《春秋繁露·立元神》

【译文】上天积聚众多精气以使自己刚健，圣人积聚众多贤人以使自己强大。

【赏析】董仲舒认为，天之所以刚健，不是靠一种精气的力量；圣人之所以强大，不是靠一个贤人的德行。只有群贤毕至，各司其事，人君才能立无为之位，获自然之功。齐桓公得到一个管仲可以成霸业，但是只能支撑一时，而不能永保天下无忧；尧就不一样，他有舜、禹、稷等众多贤人辅佐，使教化大行，天下和洽，真正达到了尽善尽美。董仲舒所在的武帝朝就涌现出亘古少见的人才群，这种情况与武帝选才、用才、育才的政治智慧是分不开的，也与董仲舒的立太学、养贤士、重教化的思想主张密不可分。

27. 故养士之大者，莫大虖（乎）太学；太学者，贤士之所关也，教化之本原也。

【出处】《天人三策》

【译文】培养人才没有比办好太学更重要的了；太学是产生贤士的地方，是教化的本原。

【赏析】董仲舒认为，治理好国家的关键是任用贤才，任用贤才的关键是培养贤才，培养贤才的关键是"兴太学"。对于如何办好太学，董仲舒很注重师资和生源质量。首先，在师资方面，他提出要"置明师"。汉武帝置五经博士为太学的老师，聘用标准以个人品德和才能为主。其次，在生源方面，汉代太学已经冲破了古代贵族教育的限制，开始向平民开放了。入学途径主要有二：一是太常直接录取，二是郡国举送。不管是太常直录还是地方举送，只要有志于学并且遵纪守法，就有资格进入太学学习。对于这些太学生，要进行各种方式的测评和考试，这样才可以培养出出类拔萃的人才。"兴太学"是中国高等教育发展史上的一个重要里程碑，汉朝政府"立太学以教于国""设庠序以化于邑"，从学制上确保了人才资源的取之不尽、用之不竭。汉武帝对董仲舒这一建议的积极采纳奠定了后世科举的体制基础。

28. 天之数，人之形，官之制，参相得也。

【出处】《春秋繁露·官制象天》

【译文】天的数目、人的形体、官的制度，三者相配相称。

【赏析】在官制的设立上，董仲舒远取诸天、近取诸人，不但强调"官副天数"，而且强调"官副人形"，将天、人、官联结起来，使之成为可以相互参照甚至互相影响的同类。其实，"天之数"与"人之形"是密切联系的，天数遥远而神秘，如何探知，莫过于从人自身探求。董仲舒认为天数、人形与官制三者之间都是相通的：天有四季，每季三月，三四十二，一年终矣；人有四肢，每肢三节，三四十二，人形立矣；官有四选，每选三人，三四十二，政事行矣。董仲舒将"天之数，人之形，官之制"都作了相当细致的分析，并使之一一对应起来，为官制设置找到了最理想、最具说服力的依据，这也是其"天人感应"思想体系的重要组成部分。

29. 赏罚用于实，不用于名；贤愚在于质，不在于文。

【出处】《春秋繁露·考功名》

【译文】赏罚的施行要根据实际情形，而不能依据官吏的名声；贤能与否在于官员的实质，而不在于他们的外在表现。

【赏析】董仲舒十分重视官员考绩的实事求是原则。要以实际政绩作为评定标准，使得官员的升迁和奖惩更加透明。在《汉书》中常能看到对务实为民之官的褒扬。《汉书·兒宽传》载兒宽是一位不求名声、为民做实事的官员。他收租税，根据季节收成裁定，不急于征收，并将租税借贷与民，因此租多不入库。考课的时候，兒宽因为欠租名列最后，应当免官。百姓听说他要被免官，都怕失去这个好官，输租接连不断，结果交租税跃居第一。通过实事求是的赏功罚过，可以树立典型、弘扬正气，鼓励先进者再接再厉，敦促后进者见贤思齐，从而营造良好的政治氛围。董仲舒关于官员考绩的建议，对汉代乃至后来的历朝历代都有深刻的影响。在一定意义上可以说，正是这种机制的建立，才使得封建官僚体系得以有效运行。

30.考试之法：大者缓，小者急，贵者舒，而贱者促。

【出处】《春秋繁露·考功名》

【译文】考试官吏的方法：对大官的考试要频率低一些，对小官的考试频率要高一些，对地位高的官吏考试要频率低一些，对地位低的官吏考试要频率高一些。

【赏析】董仲舒认为对不同级别的官吏应制定不同的考试频次。地位高、官职高的考试频率低一些，地位低、官职低的考试频率高一些。这是因为不同级别官吏的职责不同，级别低的基层地方官吏，他们负责的任务小而杂，但与民众最为相关。为确保工作落实，避免民怨丛生，对他们要进行经常性的测试考核。这样一方面可以起到监督作用，另一方面也便于朝廷及时掌握地方情况，制定更恰当的施政纲要。为此，董仲舒认为对低级地方官员的考察周期要短，而对较高级别的官员来说，其政绩可能短时间内无法显现，应该延长考核周期。不仅如此，还要对官吏进行定期考核，根据官吏的政绩来决定其升迁或贬退。董仲舒关于官吏考核的建议，为汉王朝选拔官吏与人才提供了参考，也为其后两千多年封建社会制定官吏考核制度奠定了基础。

31. 有大功德者受大爵土，功德小者受小爵土，大材者执大官位，小材者受小官位。

【出处】《春秋繁露·爵国》

【译文】有大的功业和德行的接受大的爵位和封地，功业和德行小的接受小的爵位和封地，才能大的执掌大的官位，才能小的接受小的官位。

【赏析】董仲舒在这里提出德才应与爵位相配的原则。这也是儒、墨、法各家都认同的用人原则。《荀子·富国》曰："德必称位，位必称禄，禄必称用。"德行必须和职位相称，职位必须与俸禄相称，俸禄必须与用度相称。荀子认为，德、位相称，则秩序井然；德、位不称，会带来灾难。《墨子·尚贤》曰："以德就列，以官服事，以劳殿赏，量功而分禄。"主张按品德的高低安排职位，按职位的尊卑授予处事权限，按功劳的多少确定赏额，按业绩的大小分配食禄。《韩非子·八奸》："贤材者，处厚禄任大官；功大者，有尊爵受重赏。官贤者量其能，赋禄者称其功。"同样主张任命贤能的人要依据才能，给予俸禄要与功劳相称。董仲舒在《天人三策》中提出："量材而授官，录德而定位。"但是，德位相配是一种理想状态，在现实政治操作层面往往不能尽如人意，许多有才德之人不被重用，无奈发出士不遇的悲鸣。董仲舒本人即是如此。

32. 王者有改制之名，无易道之实。

【出处】《春秋繁露·楚庄王》

【译文】君王有改革制度的名义，没有改变治国大道的事实。

【赏析】这句话中的两个关键词"改制"和"易道"，是中国古代政治生活中的重要命题。"道"是国家政治的根本准则，"制"则是政治生活中一些具体的制度和措施。"制"可改，而"道"不可变。那么，"改制"的主要内容是什么呢？就是"徙居所、更称号、改正朔、易服色"以及重新制定新朝的庙堂音乐，统称之为"改制作乐"。其中"徙居所、更称号、改正朔、易服色"这些礼制形式的改变是在新王即位之初，目的是"明天命"，宣告新朝政权受之于天，具有合法性；制定新朝的庙堂音乐，则必须是"功成"之后，在新王执政给民众带来福祉，得到民众赞同、拥护之后，目的是"见天功"，表示天命的成功。至于说治国的大原则，如人伦、道理、政治、教化、习俗、文字完全照旧，不可改易。

33. 道之大原出于天，天不变，道亦不变。

【出处】《天人三策》

【译文】道的根本来自天，天不变，道也不变。

【赏析】董仲舒的"天不变，道亦不变"曾经在历史上引发无数争辩，一度被视作形而上学的典型命题，认为其代表了孤立、静止、片面的观点。但是董仲舒是最讲辩证的思想家，他这里所说的"道"，是依天道而行、万世无弊、百世不易的"大道"，是抽象的、永恒的"本体之道"。"本体之道"落实到实践之中，就会有所偏颇，成为具体的、特殊的"实践之道"。"本体之道"和"实践之道"一个是理想，一个是现实；一个完美，一个有缺，二者存在着间距。"大道""本体之道"是不变的，"实践之道"是可变的，人君的"实践之道"如果有所偏离，就需要通过"变"回到不变的"大道"之上来。

34.当更张而不更张，虽有良工不能善调也；当更化而不更化，虽有大贤不能善治也。

【出处】《天人三策》

【译文】应当重新张设琴弦而不改弦更张的，虽然有技艺高超的工匠也不能调理好；应当改革而不改革的，虽然有大贤人也不能治理好。

【赏析】西汉初年推崇黄老之术，实行休养生息的政策，社会经济得到恢复和发展，但随之也出现了很多社会问题：诸侯坐大影响到国家稳定，匈奴入侵问题得不到有效解决，指导思想保守，社会风俗败坏，造成汉武帝执政初期"虽欲善治之，亡可奈何"的窘境。为此，董仲舒提出"更化"之说。更化是一个复杂全面的系统工程。首先，更新治国理念。董仲舒提出改变"黄老无为"的治国之策，采用儒家学说，这是"更化"的核心内容。其次，改良政治制度。董仲舒提出"徙居处，更称号，改正朔，易服色"等一系列新王改制的措施，意在强调"王者受命于天"的合法性和神圣性，并提出强干弱枝、德主刑辅、调均安民等诸多施政建议。再次，调整文教政策。董仲舒认为秦朝奉行法家政策，用刑罚不用教化，造成社会风气的败坏；汉初沿袭秦末弊政"循而未改"，仍然是"独任执法之吏治民"，对于教化未加重视，于是他提出"兴太学，置明师"等一系列教化改革的建议，后被汉武帝采纳实施。总之，董仲舒的"更化"思想，顺应民心，与时俱进，对于当代中国国家治理体系的现代化，仍具有重要的参考价值和借鉴意义。

35. 教，政之本也；狱，政之末也。

【出处】《春秋繁露·精华》

【译文】教化是政治的根本，治狱是政治的末节。

【赏析】对于治理国家而言，教化和治狱是相辅为用的。治狱的效果显著，立竿见影，而礼教是通过潜移默化来达到移风易俗的效果，所以一般人不容易看到，只有具有远见卓识的君子才会重视教化的作用。教化和刑罚，一为阳，一为阴，一为劝善，一为惩恶，相反相成，殊途同归。教化使人"主动地为善"，刑罚使人"被动地不为恶"，二者都是维护统治和社会秩序的需要。重视教化，是儒家治国思想的重要特点。《论语·为政》篇中孔子讲："道之以政，齐之以刑，民免而无耻；道之以德，齐之以礼，有耻且格。"用政令来领导百姓，用刑罚来整顿百姓，只能让他们暂时免于犯罪，却没有羞耻之心；用道德来引导百姓，用礼义来教化百姓，百姓不仅有羞耻心，而且言行都能合乎正道。董仲舒亦认为教化乃政治之根本，主张治国应该"德主刑辅"，这一认识在今天仍不失其有效性。

36. 国家将有失道之败，而天乃先出灾害以谴告之；不知自省，又出怪异以警惧之；尚不知变，而伤败乃至。

【出处】《天人三策》

【译文】如果国家将要发生违背道义之事，天就降下灾害来谴责警告；如果不知道自我反省，天又生出一些怪异的事情来警戒恐吓；还不知道悔改，那么伤害和败亡就会降临。

【赏析】关于灾异，从先秦孔子时起就备受关注，《春秋》中记载灾异之事多达一百二十二条，但并没有明确地将灾异与人事联系起来。《公羊传》中已经开始把灾异同人事联系在一起，认为人事是灾异之由。董仲舒继承了《公羊传》的灾异理论，并构建起一个更为丰富的灾异理论体系，使其具有更强大的政治功效。董仲舒对"灾"和"异"做了区分，提出"灾先异后""灾小异大"，二者有着先后和轻重程度的差别。"灾"在先，是上天善意的提醒；"异"在后，是上天严厉的批评。降"灾"是因为君主有小过，生"异"则源于君主犯大错。天只有在"灾"之提醒不达目的的情况下，才会进一步施加"异"以警告。但不管是"灾"还是"异"，天的目的都是匡正人君，而不是惩罚人君，所以董仲舒认为灾异是"天心之仁爱人君而欲止其乱"，这是董仲舒灾异理论中最深刻的地方。

37. 夫流深者其水不测，尊至者其敬无穷。

【出处】《春秋繁露·奉本》

【译文】水流深的地方其水量不可测量，地位极高的人受到的恭敬是无穷尽的。

【赏析】董仲舒以流水的深不可测来比喻地位极高的人获得的无穷尊重和恭敬。董仲舒认为，《春秋》非常重视大人的所作所为，记录他们的言行时态度十分谨慎，即使上天降给大人的是灾害，《春秋》也会不遗漏地全部加以记载。孔子曾经说过，对于有德有位的大人，要心存敬畏。大人尊贵的地位和承担的责任是一致的，他们手中掌握权柄，维系家国安危，承载苍生的命运和祸福，他们的威严和威信直接关系到共同体秩序的稳定，自有其不可撼动和不能左右之处。因此，地位高的人所获得的尊贵，从某种意义上说，是他的角色和使命所赋予的。同时，大人尊贵的地位和高尚的德行也应该是一致的，即德位相配。今天，我们仍然要求尊敬家长、师长和尊长，这是最起码的礼仪和个人修身的要求。

38. 不谨事主，其祸来至显；不畏敬天，其殃来至闇。

【出处】《春秋繁露·郊语》

【译文】如果不恭敬地事奉君主，祸害就来得十分明显；如果不敬畏上天，灾祸会到来，而表面上不明显。

【赏析】这句话源于《论语·季氏》篇中："孔子曰：'君子有三畏：畏天命，畏大人，畏圣人之言。'"董仲舒非常赞同孔子的"三畏"，认为如果对天命、大人、圣人之言不敬畏的话就会有祸殃临头。而且董仲舒又进一步说明，祸殃的表现形式是不一样的。不敬畏大人，祸殃就来得十分明显；不敬畏天命，祸患也会到来，但表面上不明显。因为手握生杀大权的大人，会用革职、下狱等方式直接对不敬畏之人进行处罚，而上天只会用灾异来对不敬畏之人进行谴告。在中国传统文化中，往往把人力无法预知、把控和到达的领域，都归结为天命、天意，认为天有权威，有意志，并且至仁至义。这样的天道观，绝不是神秘的神学主义，更不是愚昧的迷信行为，而是中国人切切实实的天命观。现在仍有一些人对天道自然毫无敬畏之心，对经典传统诋毁诬蔑，对古圣先贤肆意抹黑，对于这样的言论或行为，一定要痛定思痛，防微杜渐，否则祸患到来还一无所知。

39. 天子不可不祭天也，无异人之不可以不食父。

【出处】《春秋繁露·郊祭》

【译文】天子不可以不祭祀上天，这与百姓不可以不奉养自己父亲的道理没有什么不同。

【赏析】在董仲舒看来，"天子"是天的儿子，是天下最可尊贵的，代表天来管理天下、治理百姓。皇帝要以"天"为父母，以"万民"为子孙。皇帝既然承受了"天之子"的称号，就要"视天如父"，依天子之礼而祭天，就像是为人子要侍奉父母一样。这里的"祭天"指郊祭，郊天之礼，这是古代最为隆重的祭典。既是对上天表示尊重和敬畏，又是重建社会秩序，分别上下尊卑的重大礼节，不能因任何原因而废除。董仲舒认为，皇帝不祭天就好比是"不食父母"，必将引起整个伦理秩序的崩塌。董仲舒把父子关系的孝道，扩充到天与皇帝之间，建构起一种虚拟的伦理关系，以实现对最高统治者的约束和限制。"天子不可不祭天也，无异人之不可以不食父"，董仲舒在这里用了双重否定，表示肯定急切的含义，再次重申天子祭天的重要性，也加深了"屈民而伸君、屈君而伸天"的理论力度。

第四章 百句名言

133

40. 治天下之端，在审辨大；辨大之端，在深察名号。

【出处】《春秋繁露·深察名号》

【译文】治理天下的第一步，在于审察清楚事物的类别和大纲；审察清楚事物的类别和大纲的第一步，在于深入考察名号的本义。

【赏析】这句话体现了董仲舒的正名思想。董仲舒将"名号"提升到"治天下之端"的重要地位，明确了"深察名号"服务王道教化的政治目的。儒家一贯重视"名"在政治上的作用。名号是治理天下的首要任务，因为在董仲舒看来，名号就是天意的表达。董仲舒举例说明，号为"天子"，应该把天当成父亲一样孝敬；号为"诸侯"，应该谨慎地伺候侍奉天子；号为"大夫"，应该努力使自己的言行超过普通平民百姓，教化人民，就是"大于夫"；号为"士"，就是"事"的意思，还不能教化领导百姓，只谨守本职工作就行了；号为"民"，是"瞑"的意思，需要教化，待教而善的人民。深入了解洞察了名号的意义，那么是非顺逆也就可以明白了，所以，名号是阅读这个世界和社会的第一章，名号是治理天下最关键的"第一粒扣子"，这粒扣子扣不正，下面的就全乱套了。

41.欲审曲直，莫如引绳；欲审是非，莫如引名。

【出处】《春秋繁露·深察名号》

【译文】想要辨别一个东西的曲或直，只有使用绳墨来做标准；要判断一件事情的是或非，只有用"名"来做标准。

【赏析】《说文解字》中说解释"名"的本义是在夜间看不清，用言语来表达事物的信息，那么名的称谓是否正确，传递的信息是否准确就非常重要了。在董仲舒看来，"名"是一把标尺，量一量可以明白是非对错。比如，"君"这个名号，董仲舒说有五种含义："元"，君是一国元首；"原"，治国要善于抓住为政本原；"权"，遇事要懂得权变；"温"，对待臣民要宽惠温和；"群"，能够使民众合群团结。做到这几点，才称得上是君，与之不相符的就不称其为君。那么，深入考察名号，就是辨析事物的道理，人们遵循名号所阐发的天意行事，就是在道理上同天相合相通，不会偏离事物之真。而且掌握了事物的真理，沟通天人之间的边际，天道自然和社会伦理秩序也不会出现混乱。现在我们讲核心价值观，也应该深究字面背后的意义，探究其中蕴藏的深刻而丰富的智慧和哲理，这样才能真正指导我们的言行。

42. 天两有阴阳之施，身亦两有贪、仁之性。

【出处】《春秋繁露·深察名号》

【译文】天兼有阴、阳二气的运行，人身也兼有贪、仁两种本性存在。

【赏析】董仲舒从天道阴阳的角度对人性进行分析，指出人身所以有贪仁之气，乃是天施阴阳之气的结果。阴阳之气如何成为贪仁之性的呢？董仲舒认为一个人身上兼有"性""情"，好像天道兼有阴和阳一样。"性生于阳，情生于阴"，性、情分别来自阳气和阴气。董仲舒认为主张性善论的，是只看到了阳，主张性恶论的，是只看到了阴。对于性中的恶质，董仲舒提出用心来"栣众恶于内"，即要人们发挥心的主观能动作用，加强自身道德修养，主动弃恶向善。董仲舒的"性善情恶论"，后来到宋代就演变成了"天理"和"人欲"的关系，宋明理学家的"存天理，灭人欲"无疑受到了董仲舒人性论的影响。

43. 性比于禾，善比于米：米出禾中，而禾未可全为米也；善出性中，而性未可全为善也。

【出处】《春秋繁露·深察名号》

【译文】"性"好比禾苗，"善"好比大米：大米是从禾苗来的，但禾苗并不完全是大米；"善"是从"性"来的，但"性"

并不完全就是"善"。

【赏析】为了说明"性"和"善"的区别，董仲舒用了大量的例子来类比，以禾与米、粟与米、璞与玉、卵与雏、茧与丝、麻与布来比喻性与善的关系，说明性是天生的，有善质，但性又不全善，需要后天加工，通过教化才能成其善。董仲舒认为性不全善，纠正孟子"性善"的说法；认为人性不全恶，有善质，纠正荀子"性恶"的观点。董仲舒还将性中的"善质"与眼睛的视力做类比：睡着的人是看不到东西的，只有睡醒了睁开眼才能看到东西，人的"善质"也是一样，也需要被激活，才能真正成为现实的"善"。如何激活？靠的是王教之化。董仲舒和孟子都认为人性有天生的善端、善质，但对于如何将善端、善质变成善，二人所强调的方向却不相同，孟子强调"扩而充之"，董仲舒强调的则是"王教"。

136

44. 圣人之性，不可以名性；斗筲之性，又不可以名性；名性者，中民之性。

【出处】《春秋繁露·实性》

【译文】圣人的"性"，不可以用来确定"性"的名称；小人的"性"，也不可以用来确定"性"的名称；确定"性"的名称，是根据平常之人的"性"。

【赏析】董仲舒是"性三品"论的开山鼻祖。他在《春秋繁露·深察名号》中说："名性不以上，不以下，以其中名之。"以上、中、下区分人性层次，在这里，则明确提出了圣人之性、中民之性和斗筲之性三种不同的人性层次命名。所谓"圣人之性"，乃是"天之性"，是纯善的，超越人性的，能够配天行德，是无须别人教化而是要去教化别人的。所谓"斗筲之性"，则是"兽之性"，是纯恶的，即使施以教化也不可能改为善，所以不必教化。《春秋繁露·玉杯》篇中说："诸斗筲之民，何足数哉！弗系人数而已。"这部分人极少，可以不在计算人数之内。所谓"中民之性"，才是"人之性"，有善质亦有恶质，可以通过王者的教化导向善。董仲舒的人性论对后世影响广泛。他的"性三品"说对东汉的王充、荀悦影响颇深，后来到唐代韩愈，形成了完整而系统的"性三品"说。

45. 天地之数，不能独以寒暑成岁，必有春夏秋冬；圣人之道，不能独以威势成政，必有教化。

【出处】《春秋繁露·为人者天》

【译文】天地的定数，不能仅靠寒暑来完成一年，必须要有春夏秋冬四季；圣人治理国家的大道，不能仅靠威势来达到为政的目的，必须要有教化。

【赏析】在《春秋繁露·为人者天》这一篇，董仲舒说明了天生人之后，圣王继以教化，以促进人的自我完善。他以天的四时论政治教化，认为天地运行，不能只有寒冬、暑夏两季，还要有调和寒暑的春与秋。圣人之道，合于天地，治理国家效法天道四时，不能只依靠政令刑罚的威势，还要自上而下施行教化。那么在为政中如何发挥教化的作用呢？董仲舒说"政有三端"：如果父子之间不亲密，就尽力激发他们的慈爱之心；大臣之间不和睦，就大力提倡礼节；百姓不安定，就勉励他们实行孝悌，而且自己身体力行做表率。这些不是靠威势就能达到效果的，只能靠圣王教化。以道德来引导教化百姓，以礼法来规范整齐，这样才合于天地之数。

46. 天下所未和平者，天子之教化不行也。

【出处】《春秋繁露·郊语》

【译文】天下之所以没有和平，是因为天子的教化没有得到施行。

【赏析】教化对于国家的长治久安有着重要的功用。教化的功能不只是传承文化，还有更为重要的一项职能是移风易俗、引领风尚。《礼记·学记》中说"君子如欲化民成俗，其必由学乎"，意思是君子如果要教化人民，形成良好的社会风俗，一定要从教育入手。"古之王者建国君民，教学为先"，教化是建立国家、治理百姓的首要事情。董仲舒认为，圣王的礼乐教化可以定邦安民，是治国大道。圣王施行教化，以显著的德政润泽于天下，那么四方的百姓和其他国家没有不响应的，如果天下还没有和平，是因为天子的教化还没有得到施行，"远人不服，则修文德以来之"（《论语·季氏》)，君王要以教化引导百姓，以德政感化四方。

47. 夫万民之从利也，如水之走下，不以教化堤防之，不能止也。

【出处】《天人三策》

【译文】万民追逐利益，就好像水向下流一样，不用教化做堤防，就不能禁止。

【赏析】在这里，董仲舒强调了教化的必要性。为引起汉武帝对教化的重视，董仲舒由祥瑞谈起。他指出汉武帝有地位、有资质，可是上天却没有降下祥瑞，这是因为"教化不立而万民不正"。逐利乃万民之性，君王要做的不是堵住万民逐利的本性，而是通过筑起教化的堤防，对其进行疏导、调控，使之不至于泛滥成灾。董仲舒以正反两个例子进行说明：其一，周武王行大义、平残贼，周公制礼作乐以教化天下，之后出现了成康盛世，国家的监狱里四十多年没有关押一个罪犯；其二，秦朝抛弃礼义教化，专行酷法，"憎帝王之道，以贪狼为俗"，十几年的时间就覆亡了。这两个例子说明，教化的兴与废直接关系国家的安与危。

48. 立大学以教于国，设庠序以化于邑，渐民以仁，摩民以谊，节民以礼。

【出处】《天人三策》

【译文】在国都设立太学进行教育，在县邑设立县学、乡学实施教化，用仁来教育人民，用义来感化人民，用礼来节制人民。

【赏析】至于如何推行教化，董仲舒明确提出了"立太学""设庠序"的具体措施。太学作为最高学府，是进行教化的源头。董仲舒希望这些受过儒学教育的太学生将来能够切实担当起"民之师帅"的职责，既为"师"，又为"帅"，真正实现教化与管理的统一。汉武帝接受了董仲舒的建议，元朔五年（前124）在长安设立太学，之后，太学得到迅速发展。武帝初立太学时，为博士官置弟子共五十人，昭帝时博士弟子增加到一百人，宣帝末年增到二百人，元帝时增至五千人，成帝末年达到三千人，到东汉质帝时竟猛增到三万人。至于地方官学，汉武帝时曾"令天下郡国皆立学校官"。中央和地方官学的设立，对于汉帝国的稳定、文化的发展发挥了举足轻重的作用。

因此，班固将董仲舒的倡立之功载入《汉书》本传，"立学校之官，州郡举茂材孝廉，皆自仲舒发之"。

49.《诗》《书》序其志，《礼》《乐》纯其美，《易》《春秋》明其知。六学皆大，而各有所长。

【出处】《春秋繁露·玉杯》

【译文】《诗经》和《尚书》能够抒发情志，《礼经》和《乐经》能够净化心灵、陶冶情操，《周易》和《春秋》能够使人增长智慧。六经的学问都很重要，又各有所长。

【赏析】这段话是董仲舒对六经要旨的概括和对六经长处的总结。六经（六艺），是华夏民族的原典文献，是中华民族的文化基因，是诸子百家的共同文化资源，不仅儒家以六经作为教科书来传授、引用，诸子百家中的墨家、道家、法家、杂家等学派也征引、传播六艺经典。董仲舒将六经的要旨概括为"序其志""纯其美""明其知"；将六经的长处总结为"质""文""风""事""数""治人"。六经的要旨明确，长处实用，每一经都有每一经的大义，可以从不同的方面塑造人。英国哲学家培根有这样一段阐述读书与人的性格气质的名言："读史使人明智，读诗使人灵秀，数学使人周密，科学使人深刻，伦理学使人庄重，逻辑、修辞使人善辩，凡有所学，皆成性格。"董仲舒这段"六艺论"则精辟中肯地阐述了"凡有所学，皆成道德"的道理。由六经的内容可以看出，儒家教育的目标是立德树人，因此选择六经用来培养贤明君主所必备的优良道德品格。

50.《诗》无达诂，《易》无达占，《春秋》无达辞，从变从义，而一以奉人。

【出处】《春秋繁露·精华》

【译文】《诗经》没有适合所有诗篇的解释，《周易》没有适合所有卦爻的卜辞，《春秋》没有适合一切事物的文辞。根据变化，依从道义，两者兼从，一概因人而异。

【赏析】这是董仲舒对经典的看法，即经典文本没有放之四海而皆通的解释，没有到处都可以套用的说法，经典的意义具有多元性和开放性。董仲舒认为，解释者可以发挥其主观能动性，创造性地解释经典。比如，"《诗》无达诂"，就是在引用和解释《诗经》时不遵循其本义，而是根据自己的需要做出相应的解释。这虽是一种解经的方法，但被后世的文论家普遍接受并加以改造，成为一种注重读者主观阐发的独特的文学阐释理论和方法。我们所熟悉的那句"有一千个观众，就有一千个哈姆雷特"说的就是这个意思。"无达诂""无达占""无达辞"，都是突破文字限定对经典的灵活解读，充分体现出儒家传统的主体人格精神。但这种解读又不是随意地发挥，而应该"从变从义"。所谓"从变"是指对经典文本进行灵活自由的理解和解释，"从义"则是强调这种主观理解和解释又必须遵循其中的微言大义。

51.得一端而多连之，见一空而博贯之，则天下尽矣。

【出处】《春秋繁露·精华》

【译文】得到事情的一个方面就要把它多方面联系起来，看到一个解决问题的渠道就要把它广泛连贯起来，加以推论，这样就能尽知天下事了。

【赏析】在这里董仲舒提出了学习《春秋》大义的重要方法。《春秋繁露·楚庄王》篇中的"得一端而博达之"，与此类似，都是强调得到一点就要多方联系，主张用归纳法综合研究《春秋》，即排比相同或相近的经文，从中寻绎出圣人之义。我们姑且称这种方法为"多连博贯法"。董仲舒十分擅长使用这种方法，把春秋时代的一些史事联系起来进行分析，并归纳出共同的规律。比如他举了鲁僖公任用贤人季友的例子，鲁国任用季友期间就国家安宁，季友死后就乱难不已。由此董仲舒推知，鲁国是这样的，那么别的诸侯国也是这样的，天下也是这样的，继而得出结论："是故任非其人而国家不倾者，自古至今未尝闻也。"阐发了为君者要任贤尚能之义。董仲舒的这种"多连博贯"的释义方法在后世的《春秋》学研究中被普遍采用。

52. 夫目不视弗见，心弗论不得。虽有天下之至味，弗嚼弗知其旨也；虽有圣人之至道，弗论不知其义也。

【出处】《春秋繁露·仁义法》

【译文】不用眼睛去看就看不到事物，不用心去思考就不能理解道理。即使有天下最好吃的食物，不咀嚼就不知道它的味美；即使有圣人最高明的道理，不思考就不知道它的真义。

【赏析】在这段话里，董仲舒强调了思考的重要性。儒家认为"思"是一种理性的思维模式，是道德修养的必要方式。先秦儒家对于"思"多有论及，其中我们最熟悉的莫过于孔子的那句"学而不思则罔，思而不学则殆"了。学习没有思考，就不会有任何收获。"思"是对"学"的深化，是将学得的知识进行理性加工、消融和内化，使之真正成为自身成长的养分。只有经过理性之"思"，我们才能既知其然，又知其所以然。圣人的思想深刻而言辞简约，"微言"后面往往隐含"大义"，不认真思考就不能领会。至于将通过学习、思考"知其义"与通过品尝"知其味"进行类比，或许是当时的一种习惯表达。《礼记·学记》："虽有嘉肴，弗食，不知其旨也；虽有至道，弗学，不知其善也。"《韩诗外传》："虽有旨酒嘉肴，不尝，不知其旨；虽有善道，不学，不达其功。"

53. 是故善为师者，既美其道，有慎其行。

【出处】《春秋繁露·玉杯》

【译文】善于做老师的人，既能赞美六艺的道理，又能够谨慎自己的行为，慎重地实施教学。

【赏析】董仲舒提出要做"美道""慎行"的好老师。"美道"指作为教师，应该对六艺的精神有深刻的理解和衷心的认同；"慎行"一方面指教师的行为应该符合儒家价值规范，另一方面也指教师应该慎重地实施教学。"美道慎行"的实质就是教书育人，学为人师，行为世范。董仲舒和孔子一样，既是伟大的思想家又是伟大的教育家。他有着长期的教育教学经验，一生讲学集中于青年和老年两个时期。在教学过程中，董仲舒主张把握教育规律，因材施教，教授适当的知识量，掌握适当的进度，并且创造了"弟子传以久次相授业"的教学模式，教授了大批弟子，很多弟子"学而优则仕"，他的子孙也都"以学至大官"。

54. 为人师者，可无慎耶？

【出处】《春秋繁露·重政》

【译文】做别人老师的，难道可以不谨慎吗？

【赏析】这句话可以视为董仲舒对千百年来所有为师者的良心追问。董仲舒认为发展教育事业，最关键的是"置明师"。他眼中的"明师"有两条标准："善为师"和"慎为师"。"善为师"要求教师既"美道"又"慎行"，做到教书、育人。

"慎为师"对教师提出了哪些具体要求呢？首先，董仲舒认为教师应该尽己之力，把最重要的仁义之道讲清楚讲透彻，做到入脑入心。不仅如此，在讲仁义时还要做到有深度、有广度，既注重深入分析，又贯通与仁义有关的各种事理，这样才能使学生没有疑惑，从内心接受、认可。其次，董仲舒认为教师还要努力勤学，把最好的研究成果奉献给学生。他说圣人思考问题都唯恐时间不够，都需要"昼日继之以夜"的努力不懈，才能明察万事万物的道理，更何况其他人呢！因此教师一定要有高度的责任感，具有"慎"的品质和态度，只有这样，才真正是值得尊敬的人类灵魂的工程师。

55. 王道之三纲，可求于天。

【出处】《春秋繁露·基义》

【译文】王道中的"三纲"伦理关系的大道，可以从天道那里求得。

【赏析】"三纲"一词最早见于《春秋繁露》一书。董仲舒在书中两次提到"三纲"：《深察名号》篇有"三纲五纪"的提法，其中"三纲"指的是三种主要的人伦关系，"五纪"是五种相对次要的人伦关系；《基义》篇的这句"王道之三纲，可求于天"最为流传广泛。董仲舒虽然没有直接说明"三纲"的内容，但是根据此句中的"天为君""地为臣""阳为夫""阴为妇""春为父""夏为子"可知，"三纲"即关于君臣、父子、夫妇之关系。董仲舒把"三纲"的源头归于上天，以天地、阴阳、四时比附君臣、夫妇、父子关系，为"三纲"伦理秩序找到了天上的依据。到了东汉，白虎观会议后颁布的《白虎通义》对董仲舒思想做了进一步的总结和强化，并以官方政策文件的形式颁布施行，推动"三纲"伦理秩序在人间的贯彻，从而确立了"三纲"在名教体系中的核心地位，使其成为此后两千年封建社会中人人必须遵守的道德规范。

56.天子受命于天，诸侯受命于天子，子受命于父，臣妾受命于君，妻受命于夫，诸所受命者，其尊皆天也。

【出处】《春秋繁露·顺命》

【译文】天子接受天的命令，诸侯接受天子的命令，儿子接受父亲的命令，男女奴仆接受君王的命令，妻子接受丈夫的命令，所有接受命令的人，他所尊敬的都是天。

【赏析】在董仲舒描绘的受命关系中，臣受命于君、子受命于父、妻受命于夫，臣、子、妻要服从领导、履行使命。如果说这表达的是"君为臣纲、父为子纲、夫为妻纲"之意，那么"天子受命于天"，则是说天子要服从天的领导，履行天所赋予的使命，这表达的就是"天为王纲"之意。"天为王纲"是隐含的第四纲，是纲中之纲，是规范君主行为之"纲"。"天为王纲"的思想和董仲舒"屈君而伸天"的思想是一致的。董仲舒虽然主张君权至上，但他从来不是极端的专制主义者，他始终坚持以"道"制君。在这里，"诸所受命者，其尊皆天也"一句，也有着深刻的含义。也就是不管是处于主导地位的君、父、夫，还是处于服从地位的臣、子、妇，所尊都是天，都可以说是"受命于天"，上下级之间的服从是相对的，但对于天道的服从，则是绝对的。

57. 父不父则子不子，君不君则臣不臣耳。

【出处】《春秋繁露·玉杯》

【译文】父亲不像父亲，儿子也就不像儿子了；国君不像国君，臣子也就不像臣子了。

【赏析】董仲舒此言与孔子"君君、臣臣、父父、子子"（《论语·颜渊》）的思想一脉相承。有人讲，孔子强调父子、君臣都有权利和义务，是一种双向的对等关系，而董仲舒强调的是君权、父权，是一种单向的服从关系。其实，孔子也并非不重视君尊臣卑、父上子下的等级秩序，董仲舒也未必主张绝对服从。董仲舒更加重视在上位的为君为父者的道德表率作用，所以，与其说他强调的是"君权"，不如说他强调的是"君职"。他认为，鲁文公不能服丧，祭祀不准时，丧期中娶妻，娶的又是大夫家的闺女，使宗庙卑贱，又把僖公放在闵公之上，乱了群祖的顺序，违背了先祖的通例。鲁文公好事没做一件，坏事做了一堆，因此在外诸侯不愿与他结盟，在内大夫不肯听从命令。文公八年（前619）的时候，他任命孙叔敖为使，出访京师，但是孙叔敖不愿意服从他的命令，中途改变行程方向，逃到莒国避难。这就是典型的"君不君则臣不臣"。

58.夫仁谊礼知信五常之道，王者所当修饬也。

【出处】《天人三策》

【译文】仁义礼智信是五种永恒不变的道，这是君王应该培养整顿的。

【赏析】董仲舒第一次将"五常"的内容概括为仁义礼智信，将其作为君王治国理政的原则，之后，"五常"发展成为中国传统社会的核心价值观，维系了中国传统社会两千多年的统治。董仲舒是中国传统社会核心价值观的提炼者、总结者和论证者。董仲舒在吸收前人思想成果的基础上，第一次将"五常"与"仁义礼智信"结合起来，并以"天人感应"学说为基础，将人类的道德观念上升至天的理念，以"天道"来论证"五常"。他认为天有"五行"，人有"五常"，"五常"与"五行"一样是天次之序。王道效法天道，因此"五常之道"是王者应该修饬的。董仲舒提出的"五常"之说，到了东汉的白虎观会议上被正式确立为正统，写入皇帝钦定的《白虎通义》中，成为中国封建社会中人们需要共同遵守的道德规范，内化为中国各民族的核心价值，渗透进了每一个中国人的文化基因和精神血液之中。

59.仁之美者在于天。天，仁也。

【出处】《春秋繁露·王道通三》

【译文】美好的仁德在天。天是仁爱的。

【赏析】董仲舒"以仁释天"，认为天最大的德是"生"，天养长万物，化而生之，养而成之，还有什么比这个更美的仁德呢？因此董仲舒直接把"天"解释为"仁"。而人之本在天，将天之仁化为人之仁，因此，仁是天、人共有的本质，天人相互感应、相互成就。既然仁为天之心，人就要取法天之道，修养仁德，施行仁政，这也是人伦大道的至高追求和最终归宿。董仲舒的天人相副、天人感应、灾异谴告等所有天人理论，最终都归依到现实政治。天心、天意与人心、民心相通相感，执政者也要施行仁政德治。董仲舒以一个哲学家的睿智、政治家的胸襟，更以一个儒者悲悯的情怀，构建起他的天人哲学理论，积极地为社会和时代设计良策、寻求出路，且不曾忘记百姓乃国之根本，以"天心民心"沟通天人之际，以"天仁"定国安邦。这一句"天，仁也"，蕴涵着董仲舒丰富的哲理思考和人文情怀。

60. 王者爱及四夷，霸者爱及诸侯，安者爱及封内，危者爱及旁侧，亡者爱及独身。

【出处】《春秋繁露·仁义法》

【译文】能成圣王的人，他的爱远及四方夷狄；能成霸主的人，他的爱及于诸侯；使国家安定的君主，他的爱及于本国的人民；使国家危难的君主，他只爱自己左右的亲信；使国家灭亡的君主，只爱他自己。

【赏析】这句话的意思是统治者实施"仁爱"的范围不同，结果就会不同。范围愈狭隘，境界愈低下，事业愈局促，安全性愈小。"爱及独身"者最终会沦为"独夫""民贼"，摆脱不了灭亡的命运。同时，实施"仁爱"的范围也是判断统治者贤与不肖的标准。王者、霸者、安者、危者、亡者的贤与不肖一目了然。由此可看出，董仲舒主张统治者要广泛地施仁爱民，不仅要爱诸夏，还要爱四夷，在施仁爱民方面，诸夏、四夷一视同仁。但王者的爱是有层次性的，董仲舒主张遵循先内后外、由近及远的原则。董仲舒"王者爱及四夷"的理想冲破了华夷的界限，强调无论华夷都要广泛施爱，这其实也是董氏"春秋大一统"思想的反映。

61. 仁谓往，义谓来；仁大远，义大近。

【出处】《春秋繁露·仁义法》

【译文】仁是向外施与别人，所以是"往"；义是向内责于自我，所以是"来"。仁施与得越远越值得赞美，义要求自己越切近越值得赞美。

【赏析】董仲舒用"仁谓往，义谓来"明确指出了仁、义作用对象的方向性差异，这是对"仁之法，在爱人，不在爱我；义之法，在正我，不在正人"的进一步抽象和概括。"仁大远，义大近"是说仁爱的施与对象与自己的关系越疏远越能充分地表现仁，用道德规范约束自身越切近越能充分地表现义。这显然也是对"仁者爱人，义者正我"的深层次发展。"仁"是儒家思想的核心，但先秦儒家强调"亲"，董仲舒则强调"远"。董仲舒所谓的"远"，一方面指所爱的范围广，另一方面又指为民考虑长远。这是董仲舒对儒家之"仁"的创造性阐释。

62. 自责以备，谓之明；责人以备，谓之惑。

【出处】《春秋繁露·仁义法》

【译文】对自己求全责备，叫作明智；对别人求全责备，叫作迷惑。

【赏析】严于律己，宽以待人，是中华民族的传统美德。《尚书·伊训》中伊尹教导太甲作为君主要做到"与人不求备，检身若不及"，对别人不能求全责备，对自己要严格约束。《论语·卫灵公》中孔子说："躬自厚而薄责于人，则远怨矣。"对自己重加责备，对别人从轻责备，这样做，怨恨自然不会来。董仲舒在这里从论述"以义正我"的角度，提出应该"自称其恶""求诸己""自责以备"，只有这样才是做到了"义"。仁是宽以待人，义是严于律己。对于个人来说，做到严于律己、宽以待人，那就是智慧的人；对于一个民族一个国家来说，能做到这一点，就是智慧的民族、国家。习近平总书记在联合国教科文组织总部的演讲中指出："海纳百川，有容乃大。人类创造的各种文明都是劳动和智慧的结晶。……一切文明成果都值得尊重，一切文明成果都要珍惜。"这种对待一切文明的包容、宽容态度，既是中华民族宽以待人美德的体现，也是中华民族智慧的象征。

63. 仁而不智，则爱而不别也；智而不仁，则知而不为也。

【出处】《春秋繁露·必仁且智》

【译文】仁爱而没有智慧，就会爱人而没有差别；有智慧而不仁爱，虽知道什么是善事但不会去做。

【赏析】董仲舒将"智"与"仁"相提并论，强调二者之相辅相成。与墨家无差别的"兼爱"不同，儒家的"仁"是有差别的仁爱，那么如何根据差别实施仁爱就需要智慧地鉴别，因此"仁"离不开"智"。同样,"智"也离不开"仁",需要"仁"加以辅正。如果"智"与"仁"分离,那就会出现"智愈多而德愈薄"的情况。仁智互补、相互渗透,是董仲舒"必仁且智"思想的核心观点。关于这一思想,董仲舒还以"乘良马""操利兵"进行比喻。缺心眼儿的仁,就像一个迷路之人,你让他骑着最好的马,也找不到方向;缺仁德的智,就像一个疯狂的人手持利刃,谁知道会伤到哪一个?

64. 智者见祸福远,其知利害蚤,物动而知其化,事兴而知其归,见始而知其终。

【出处】《春秋繁露•必仁且智》

【译文】有智慧的人能预测福祸,能提前知道利害,事物刚一发动就知道它的变化情况,事业刚一兴起就知道它的趋向,看见开端就知道终结。

【赏析】董仲舒认为智者的一个重要品质就是拥有先见之明。有先见之明的人对未来有预见性,因而可以清楚地反观目前的情况,并能预测事情的发展动向。一个具有智德的人必然会对生活之必然与应然有着深刻的洞见,从而更好地理解生活的本质和人生的真谛。董仲舒用"先言而后当"来解释"智",意思是,先说出来而后来证明所说的是对的,也就是有先见之明。强调"智"的先见之明,是很多思想家共同的认识。《商君书•更法》曰:"知者见于未萌。"刘向说:"智者谋于未形。"班固指出:"智者知也。独见前闻,不惑于事,见微知著也。"这些显然都与董仲舒的智慧观念相通。

65. 其动中伦，其言当务。如是者，谓之智。

【出处】《春秋繁露·必仁且智》

【译文】他的行动符合伦理，言语切合时务。这样的德行，就叫作智。

【赏析】对于如何做到"智"，儒者不约而同地强调在言语方面的要求。孔子强调"慎言"，在言与不言之间见机行事，做出智慧的选择。他说："可与言而不与之言，失人；不可与言而与之言，失言。知者不失人，亦不失言。"（《论语·卫灵公》）智慧之人既不会交浅言深，也不会交深言浅，而是能够做到言语恰当。荀子也强调言语恰当，他说："言而当，知也；默而当，亦知也。故知默犹知言也。"（《荀子·非十二子》）恰当地"说"，是明智；恰当地"不说"，也是明智。汉初的贾谊认为："智者慎言慎行，以为身福；愚者易言易行，以为身灾。"（《新书·大政上》）不同的人从不同的角度阐述言与智的关系，或强调谨慎，或强调恰当，董仲舒则提出"言当务"，说话切合实务，才称得上"智"。董仲舒所献《天人三策》就是"言当务"的典型代表，由天道入人事，谈政治、谈经济、谈教育，处处紧扣武帝之问，毫无空虚之言。

66. 信重于地，礼尊于身。

【出处】《春秋繁露·楚庄王》

【译文】把诚信看得比土地更重要，把礼义看得比生命更重要。

【赏析】董仲舒十分强调"礼"和"信"的重要性。对于国家来说，土地最重要；对于个人来说，生命最重要。可是，"礼"和"信"比生命和土地还重要。真的是"土地诚可贵，生命价更高，若为礼信故，二者皆可抛"！关于"礼"，《春秋繁露》中论述"礼"的篇目很多，而且董仲舒修身治政，皆以礼为先，是一位"进退容止，非礼不行"的儒者。关于"信"，董仲舒将其与"仁义礼智"并列，提高了信的地位，突出了信的功能和作用。"礼"和"信"是董仲舒总结提炼的传统社会核心价值观"五常"的条目，经过两千年岁月的洗礼，如今，"礼"和"信"的精髓已经融入社会主义核心价值观之中，焕发出新的生命活力。"礼"不仅与社会主义核心价值观中国家层面的"文明"、社会层面的"法治"存在直接的契合之处，而且其蕴含的遵守秩序、文明修养等在个人层面的"爱国、敬业、诚信、友善"的任何一目中均有体现。"信"直接融入社会主义核心价值观个人层面的"诚信""敬业"之中，要求人们在社会公德和职业道德中诚实守信、爱岗敬业，为中华民族的伟大复兴而努力奋斗，这不仅有利于人的全面发展，而且也有利于和谐社会的建设。

67. 不由其道而胜，不如由其道而败。

【出处】《春秋繁露·俞序》

【译文】与其不遵循正道获胜，不如遵循正道而失败。

【赏析】这是董仲舒对春秋时期宋襄公的评价。在宋、楚泓之战中，战争开始时，楚军渡河，宋襄公不顾大臣子鱼的反对，坚持不半渡而击，待到楚军全部渡河后，宋襄公又非要等到楚军完成列阵之后开始攻击，结果宋国惨败，宋襄公狼狈逃走，后因伤重而死。宋襄公因为在这次战役中严格遵守"国际战争法"而备受嘲笑。但是董仲舒赞同《公羊传》对宋襄公的评价，他力挺宋襄公，认为宋襄公"临大事不忘大礼"，在战争中能够做到"不重伤（不再次伤害受伤的敌人）、不擒二毛（不捉拿头发花白的敌军老兵）、不以阻隘（不阻敌人于险隘中取胜）、不鼓不成列（不主动攻击尚未列好阵的敌人）"，这是"由其道而败"，远比"不由其道而胜"要光明磊落得多。宋襄公守礼重信的"春秋范儿"反衬出了现实的精神缺憾，引发董仲舒的反思，也应该引起我们的反思：恶之花不能结出善之果，非正义的手段也不可能达到正义的目的。

68.《春秋》之义，贵信而贱诈，诈人而胜之，虽有功，君子弗为也。

【出处】《春秋繁露·对胶西王越大夫不得为仁》

【译文】《春秋》所包含的道理，是重视诚信而轻视欺诈，靠欺诈别人而获得胜利，虽然有功绩，但君子不屑去做。

【赏析】这是董仲舒在劝诫江都王不能靠武力和欺诈成就霸业。董仲舒认为《春秋》贵信，"信者，诚也，专一不移也"。"信"讲的是内心诚信，不欺诈，守信用。儒家重视"信"，"信"是个人安身立命的根本，是维系人际关系的重要品德，是治国理政的重要基础。作为君王，更要以"信"成就功业。《论语》中有很多篇章讲到"信"，如"人而无信，不知其可也"（《论语·为政》）、"民无信不立"（《论语·颜渊》）。董仲舒的《春秋繁露》中多次提到"信"。周桂钿先生认为，董仲舒生活于西汉盛世，强调"信"，有了充分的条件，也十分有必要。董仲舒继承并发展了孔孟荀儒家思想，与时俱进，从汉代中央集权和大一统的政治需求出发，强调帝王个人的修养和治理国家要行王道，重视"信"并提出"五常"思想，与儒家的基本精神一脉相承。

69. 圣人之道，众堤防之类也。谓之度制，谓之礼节。

【出处】《春秋繁露·度制》

【译文】圣人的主张，就像各种堤防一样，为人民制定了制度，制定了礼节。

【赏析】所谓"度制"，即为制度，董仲舒认为应该建立一套确保"贫富有差""贫富有度"的礼节制度，斩断"百乱之源"。《论语·学而》篇记载孔子的弟子有子之言"礼之用，和为贵"，"礼"是"和"的前提，"和"是"礼"的目的。对于个人来说，如果只追求和谐不讲礼节，就是孔子最讨厌的"乡愿"，也就是和稀泥的老好人；对于社会来说，如果只追求和谐不讲礼节制度，就会丧失公平公正的价值原则，泯灭善恶是非的界限，最终也达不到和谐的目的。董仲舒认为"礼"就是堤防，可以阻挡祸乱泛滥成灾，而一切的"乱"都是从小逐渐变大的，对于细微的小事不及时治理，必将导致大乱，以至于不可收拾。如果没有了制度约束，人人都纵其欲、快其意，"上下之伦不别"，"嗜欲之物无限"，不仅会使人伦大乱而且浪费社会财富。因此，要筑好堤防、扎牢篱笆、提早预防，将一切祸乱阻断在萌芽状态。董仲舒的这一思想对于当前的党风廉政建设具有重要的启示作用。

70. 利以养其体，义以养其心。心不得义，不能乐；体不得利，不能安。

【出处】《春秋繁露·身之养重于义》

【译文】利用来保养身体，义用来涵养精神。精神得不到义的涵养，就不会快乐；身体得不到利的滋养，就不会安适。

【赏析】"义利之辨"是儒家价值观的重要内容，也是我们中国人做事做人的重要命题。董仲舒明确提出了他的观点：义利两养、义重于利。董仲舒认为上天使人兼有义和利，二者功能、作用不同，利养身体、义养精神，这与荀子的"义利两有"思想是一脉相承的。《荀子·大略》说："义与利者，人之所两有也。"董仲舒则将他的"义利两养"思想与天有阴阳、人有性情的思想联系起来，彰显出形而上的特色。在承认"义利两养"的基础上，董仲舒进一步明确了"义重于利"的主张。物质利益固然不可缺少，但道义原则远比物质利益的价值要高，义是衡量利的重要标准。

71. 凡人之性，莫不善义，然而不能义者，利败之也。

【出处】《春秋繁露·玉英》

【译文】大凡人的天性，无不向往仁义，可是有的人却不能做到仁义，这是贪利造成的破坏。

【赏析】董仲舒在这里谈的是君主应该"善义"，而不应该"言利"，更不应该"求利"。他由对鲁隐公"观鱼于棠"事件的批评引发对义利关系的阐述。鲁隐公在其执政的第五年以"观鱼"的名义造访了棠地，对此，《春秋》三传皆持批评态度，认为他违反了礼制，尤其以《公羊传》的批评最为严厉。《公羊传》将鲁隐公"观鱼于棠"的行为界定为贪图私利的经济行为，认为隐公之所以跑那么远，其实并不是为了观看捕鱼，而是为了大规模捕鱼。如果是纯粹观看捕鱼，根本没必要跑那么远，更没必要那么声势浩大地"张网罟（gǔ）障谷"。障谷，就是阻断河流的意思。董仲舒认同《公羊传》对鲁隐公的批评，并且认为鲁隐公不仅仅是派人去捕鱼，还"亲自求之"，简直是利欲熏心，更是不可原谅，所以用"甚恶"来评价。

72. 夫仁人者，正其谊不谋其利，明其道不计其功。

【出处】《天人三策》

【译文】仁德之人端正他的义却不谋取私利，阐明他的道却不计较自己的功劳。

【赏析】班固记载的董仲舒的这句名言，后被概括为"正谊明道"，成为儒家义利观的经典表述。事实上，在董仲舒的《春秋繁露·对胶西王越大夫不得为仁》中，这句话有另外一个版本的表述，即"仁人者，正其道不谋其利，修其理不急其功"。这两处的记载最大的差别就在于一个是"不计其功"，一个是"不急其功"。张岱年先生认为，"《春秋繁露》所载，乃董子原语，而《汉书》所记，乃经班固修润者"。经过润色、升华的"正其谊不谋其利，明其道不计其功"自然比"正其道不谋其利，修其理不急其功"更有利于传播、流行，但是也远离了本义，被无限诠释和放大。董仲舒从来不是否定利的，他一贯主张"兼利""爱利天下"，因此"不急其功"显然更符合其本义。

73. 君子生以辱，不如死以荣。

【出处】《春秋繁露·竹林》

【译文】君子活着受辱，不如死了荣耀。

【赏析】这是董仲舒的生死观，也是儒家一贯的生死观。孔子讲"杀身成仁"，孟子讲"舍生取义"，董子讲"君子生以辱，不如死以荣"，都不以生存为最高原则，而以仁义为最高的价值标准。这句话是董仲舒在评价逢丑父舍身救齐顷公这件事时说的。逢丑父是齐国的大夫，在战争中他为救国君齐顷公，和齐顷公换了衣服，坐上齐顷公的位子假冒齐顷公，让齐顷公逃走，而自己被杀。虽然舍身救主的行为不是一般人能够做得到的，但是《春秋》并不予以赞许。董仲舒认为逢丑父解救了齐顷公，却羞辱了齐国的宗庙，他如果懂得大义，就应该让君主和自己一起死。儒家一向认为，生命虽然可贵，道义却是无价，以有限的生命换取无价的道义是死得其所。"君子生以辱，不如死以荣"的思想对后世的影响非常深远。正是在这种思想的熏染下，中国历代涌现出无数不畏强暴、不惧生死、不屈不挠的"有骨气"的中国人。这些人是中华民族真正的"脊梁"。

74. 事各顺于名，名各顺于天，天人之际，合而为一。

【出处】《春秋繁露·深察名号》

【译文】一切事物都各自顺着"名"，一切"名"都各自顺着天意，这样，天和人之间的相互关系就统一起来了。

【赏析】天人关系是中国传统哲学的重要命题，也是董仲舒思想的核心。这里的"天人之际，合而为一"，虽然还没有明确使用"天人合一"这四个字，但"天人合一"的观念在董仲舒的思想中已经形成了比较完整的系统，很多方面都具有鲜明的"天人合一"的印记。这句话是董仲舒依据事物的"名"来探究天人关系。"天人之际"，"际"的本义是两墙相交处的缝隙。天和人虽有分界，但天人之间不是相隔相对的，而是一种内在的相互关系。人与天地并立，是天地间最重要的存在。那么天和人之间到底有什么样的关联呢？董仲舒说，人们用"名"来区别万事万物，万物的"名号"就是天意的表现。依据"名号"，来对待和处理万事万物，就可以了。这就是以天道指导人道，以人道体现天道。董仲舒认为天地间，也只有人，才能通过事物的名号阐发天意，遵循名号体察天道，使自己的言行合乎天道人伦。

75. 以类合之，天人一也。

【出处】《春秋繁露·阴阳义》

【译文】从类的角度相比，天和人是合一的。

【赏析】董仲舒通过天人之间的比附，指出天与人是同一类的，从而得出"天人一也"的结论。董仲舒用副数和副类两种论证方法，来说明天人同类这个问题。能用数字比较的就是副数，不能用数字表示的就用副类。首先，在形体构造上，天人同类。天有四时，人有四肢；天有五行，人有五脏；天有日月，人有耳目。其次，在情感意志上，天人也是同类的。人的喜怒哀乐与天的春秋冬夏四季相和。最后，在国家治理的政事方面，董仲舒以"四政"比副"四时"。"四政"是庆赏罚刑，用春夏秋冬四时来比附这四种政事。君王表达喜怒哀乐，使用赏罚时，要合于天道，能够"正喜以当春，正怒以当秋，正乐以当夏，正哀以当冬"，善于克制自己的喜怒好恶，恰当地使用礼乐刑政，才能体现天的意志。因此，董仲舒所讲的"天人合一"，不仅是人与自然和谐相处，还包括人与人、人与社会的平衡协调。

76. 推恩者远之为大，为仁者自然为美。

【出处】《春秋繁露·竹林》

【译文】推广仁德的人，能把仁德推得越远就越伟大；奉献仁爱的人，能够完全出于自然发自内心，才是美好的。

【赏析】这是董仲舒评价春秋时期楚国大夫司马子反的行为时所说的一句话。《春秋》宣公十五年，楚国和宋国打仗的时候，宋国都城被围多日，楚国的司马子反不忍心看到宋国百姓"易子而食"的惨状，就擅自做出了停战的主张。按照《春秋》的一般原则，对于司马子反这种先斩后奏的行为是要进行贬斥的，可是《春秋》对司马子反不但没有贬斥，还给予赞扬。董仲舒认为，这是因为司马子反有恻隐之心，不忍心让宋国的百姓饿到人吃人的地步。他把内在的仁爱之心向外推，"推恩"到敌国平民，不可谓不远，因此十分伟大，此即"推恩者远之而大"；同时，他的同情没有考虑复杂的社会关系，没有计较个人的荣辱得失，是内心情感的自然流露，这才是最难能可贵的，此即"为仁者自然而美"。

77. 以仁安人，以义正我。

【出处】《春秋繁露·仁义法》

【译文】用仁爱安抚别人，用义的原则端正自己。

【赏析】这是董仲舒"仁义观"的核心观点。董仲舒吸收了先秦儒家关于仁与义的思想，并做了创造性转化和创新性发展。他认为"仁"是用来安人的，"义"是用来正我的。具体来说，董仲舒认为统治者应该施行"富而后教"的仁政，使百姓安心从事生产和生活，让他们物质生活上有所保障，精神生活上能够充实，就是做到"安人"了。而统治者自身要做到"正我"，就需要"求诸己"，需要"自责以备"，需要"反理以正身"，规范自己、纠正自己，使自己的言行符合伦理道德的要求。董仲舒之所以要对仁义进行这样的区分，主要是防止统治者偏于治人，不知自治，用仁来宽待自己，用义来要求别人。其实"以仁安人"和"以义正我"两者在本质上是一个完整的整体，统治者要"以仁安人"，就必须"以义正我"，也只有"以义正我"，才能"以仁安人"。

78. 仁之法在爱人，不在爱我；义之法在正我，不在正人。

【出处】《春秋繁露·仁义法》

【译文】仁的法则在爱别人，不在爱自我；义的法则在端正自我，不在端正别人。

【赏析】在董仲舒看来，仁与义各有其适用的范围与对象。仁的适用范围与对象是他人，而不是自己；义的适用范围与对象是自己，而不是他人。董仲舒举了晋灵公的例子来说明"仁之法在爱人，不在爱我"的道理。春秋时期的晋灵公，既残暴又荒唐。只因为厨师没有把熊掌煮烂，晋灵公就把厨师杀死。他还喜欢从高台上用弹弓射行人取乐。董仲舒认为，像晋灵公这样的人对自己十分厚爱，但不能爱别人，所以根本算不得仁。董仲舒举了楚灵王、吴王阖闾等人的例子来说明"义之法在正我，不在正人"的道理。楚灵王讨伐陈国、蔡国的贼寇，能"正人"，但是自身不正，借着讨贼的名义，灭了人家的国家，所以算不得义。吴王阖闾兴兵救被楚国攻打的蔡国，也能"正人"，但是吴军进入楚国都城后行为不端，也算不得义。

79. 质于爱民，以下至于鸟兽昆虫莫不爱。不爱，奚足谓仁？

【出处】《春秋繁露·仁义法》

【译文】真诚地爱护人民以及万物，以至于对鸟兽昆虫也没有不爱护的。不爱，怎么能够称得上仁呢？

【赏析】董仲舒明确地把对自然万物的道德关怀视为"仁"的表现。他在孔子的"泛爱众"、孟子的"仁民"说的基础上，第一次明确提出了"博爱"说，认为圣人的教化，是"先之以博爱，教之以仁也"，先实施博爱，用"仁"来教化人民。博爱，是董仲舒对儒家仁学的新概括，直接启发了韩愈、康有为、孙中山等人，在中国思想史上影响深远。在《春秋繁露·离合根》篇，董仲舒还提到："泛爱群生。"做到"泛爱群生""鸟兽昆虫莫不爱"，才算做到了仁。在《五行顺逆》篇，董仲舒对"泛爱群生""鸟兽昆虫莫不爱"进行了更为详细的解说，他在每个季节中，都有恩及自然物的要求。除了应恩及木、火、土、金、水等五行，还有恩及鳞虫、羽虫、倮（luǒ）虫、毛虫、介虫等内容。董仲舒的仁爱思想包含着可贵的生态意识，可以与当下的生态文明建设相联系，挖掘其现代价值，吸取其有益成分。

80. 天之任阳不任阴，好德不好刑。

【出处】《春秋繁露·天道无二》

【译文】天以阳气作为主宰而不以阴气作为主宰，以仁德为主而不以刑罚为主。

【赏析】"好德不好刑"是董仲舒从阴阳秩序中总结出来的天道。德政，历来被儒家所推崇，从孔子的"为政以德"到孟子推行的"仁政"都是一脉相承，董仲舒继承先秦儒家的德政思想，并将其与天道相联系，放在阴阳五行四时所构建的宇宙系统中进行论证，从而为德政的合理性找到了终极根源，这是对儒家德政理论的创新性发展。从阴阳来看，阳的运行是"出实""入实"，发挥实际的作用，而阴的运行是"出空""入空"，没有实际发挥作用，只是在辅助阳的事功。这是"任阳不任阴"的意思。从四时来看，春夏秋冬四季，其中有三季是帮助万物生长的，只有一个季节让万物死亡，凋零枯落，所以德的施加也应多于刑罚。王者应当效法上天，"任德不任刑"，以德政为主，刑罚为辅。至于"不任刑"，并不是不需要刑罚，因为刑虽为阴，于天道来说是不可或缺的，于人事来说同样不能缺少。因此董仲舒主张治理国家要与天道相合，礼法兼备，"德主刑辅"。

81. 虽有巧手，弗修规矩，不能正方员；虽有察耳，不吹六律，不能定五音；虽有知心，不览先王，不能平天下。

【出处】《春秋繁露·楚庄王》

【译文】即使有灵巧的双手，不比照圆规、曲尺，也画不出圆形或方形；纵然有聪灵的耳朵，不吹六律，也不能定正五音；纵然很聪明，不考察先王的治国之道，也不能安定天下。

【赏析】董仲舒思想中蕴含着丰富的治国理政智慧，这段话讲的便是效法先王，也就是"法古"的为政之智。董仲舒主张"奉天法古"，所谓"奉天"，就是顺承天意，按天的意志办事；所谓"法古"，就是"法先王"，效法先王之道。董仲舒认为先王遗留下来的治国原则，就是天下的"规矩""六律"。孟子也曾经以规矩、六律做比，指出"为政不因先王之道，可谓智乎？"那么"先王之道"到底是什么呢？很简单，就俩字——

"仁政"。在董仲舒看来，《春秋》不是单纯记载历史，而是通过如何记载、评价历史，为后来的"王者"提供治国理政的基本原则。他认为这种治国理政的基本原则就是"奉天法古"，就是"圣者法天，贤者法圣"。遵循这些基本原则就能安定天下，不遵循就会导致天下大乱。

82. 屈民而伸君，屈君而伸天。

【出处】《春秋繁露·玉杯》

【译文】抑制民众而伸张国君，抑制国君而伸张上天。

【赏析】"屈民而伸君，屈君而伸天"，这"两屈两伸"是董仲舒政治哲学最重要的内容之一。"屈民伸君"是为了防止叛乱，巩固大一统政治局面；"屈君伸天"是为了防止君主肆无忌惮，也是为了长治久安。董仲舒将君权的来源归于天，这种"天授君权"说对于君主是把"双刃剑"，它一方面明确了君主权力的合法性和权威性，另一方面又使至高无上的君权受到天的客观限制。董仲舒在这里建构的"天—君—民"的政治格局，看似崇天、尊君，但其本质是民本主义的。在董仲舒的理论体系中，天意实质上是民意的化身。君对民的态度和行为，是天对君考核的内容。对民有利，君主才会受天奖赏；对民不利，君主就会遭天惩罚。所以，"天"对"君"的制约，说到底是"民"对"君"的制约。

83. 诸不在六艺之科、孔子之术者，皆绝其道，勿使并进。

【出处】《天人三策》

【译文】那些不属于六艺的科目和孔子学术的学说都一律禁止其仕进之途，不许它们齐头并进地发展。

【赏析】这句话中的"皆绝其道，勿使并进"被概括为"罢黜百家"，尊崇"六艺之科、孔子之术"被概括为"独尊儒术"，于是"罢黜百家，独尊儒术"便成为贴在董仲舒身上最醒目的标签。但"罢黜百家，独尊儒术"这八个字确实不是董仲舒说的，二十四史和四库全书也没有"罢黜百家，独尊儒术"这八字。此说法始自清末民初的著名思想家易白沙1916年在《新青年》杂志上发表的《孔子评议》一文。汉代最接近这一说法的是《汉书·武帝纪》："罢黜百家，表章（彰）六经。""六经"就是"六艺"，是《诗》《书》《礼》《乐》《易》《春秋》等经典体现的规则、大义。董仲舒提出思想要统一到"六艺之科，孔子之术"上来。思想的统一，其实质就是思想的融合。董仲舒把各家思想的合理因素吸收、融合，为我所用。因此，所谓的"独尊"，是汲取了众家之长基础上的"独尊"；而他所谓的"罢黜"，也是百家之长被取走前提下的"罢黜"。

84.内以自省，宜有惩于心；外以观其事，宜有验于国。

【出处】《春秋繁露·二端》

【译文】要向内自我反省，应该在心中加以警戒；向外观察事物，应该在国家中有所征验。

【赏析】这句话是董仲舒告诫君主面对灾异时应该如何去做。董仲舒认为天是有意志的，因此君主对灾异的思考一定要和天意联系起来，在内心深处对自己的行为举止、为政得失进行彻底的反思和省察，以天意约束自己、规范政治。灾异说是专制制度下儒生参政、议政的重要思想武器，对皇权具有一定的制衡和约束作用。周桂钿先生曾经把哲学按照真善美的标准，分为求真的哲学、求善的哲学、求美的哲学。

求真的哲学是科学哲学，求善的哲学是政治哲学与宗教哲学，求美的哲学是艺术哲学。西方的传统哲学主流是求真的科学哲学，中国传统哲学主流是求善的政治哲学。董仲舒的"灾异说"，借助于天的意志对现实政治做出批判，旨在建立一种和谐的政治秩序，是十分典型的求善的政治哲学。

85. 天地之气，合而为一，分为阴阳，判为四时，列为五行。

【出处】《春秋繁露·五行相生》

【译文】天地之气，相合而成一体，分而为阴气和阳气，判别为四季，排列成五行。

【赏析】这一句可以说是董仲舒阴阳五行论的纲领。董仲舒将阴阳、四时、五行相结合，纳入他的天人哲学框架，阐发宇宙世界的构成和运转。具体而言，天地之气本是合而为一的，分为阴阳二气之后，在阴阳二气的周流运行下化育万物，表现为一年四季不同时节，而五行的兴起和配合，是辅助阴阳成就四时之岁功。春夏秋冬四时是连接阴阳和五行的枢纽，有不同的作用，或萌发、养长万物，或成就、储藏万物。可以说，董仲舒构建了严密的天地、阴阳、四时、五行理论，将宇宙运行的空间方位、时间更迭、物质相感、能量消长，全部纳入天人哲学，这是对天人哲学理论的创新与发展。尤其是，董仲舒在这里不仅描绘出宇宙世界的形成过程，而且更明确表明了"阴阳"与"五行"的连接点是"四时"，使得阴阳与五行在形式上获得完美结合。

86. 百物皆有合偶，偶之合之，仇之匹之，善矣。

【出处】《春秋繁露·楚庄王》

【译文】所有事物都有相应对偶的东西，用相应的态度分别对待不同的事物，这就是正确的做法。

【赏析】这句话充分体现出董仲舒的辩证思维。他从《春秋》"近近而远远，亲亲而疏疏""厚厚而薄薄，善善而恶恶"的价值评判中，概括出"百物皆有合偶"的对立统一思想。董仲舒认为，天地万物之道是阴阳相对、彼此相合，这是事物存在的基本方式和基本意义。任何一个事物都有与之相匹配的另一个事物，并且在这种对应中有阴有阳，上下、左右、前后、表里、美恶、顺逆、喜怒、寒暑、昼夜等皆是合。虽然先秦时期儒家、道家都有丰富的对立统一思想，但大多以实例形式出现，而董仲舒第一次以概念的形式将其表述出来，这是他的一大贡献。董仲舒所说的"合偶"有两层含义：其一，合偶的双方是对立的，如远近、亲疏、贵贱、轻重、厚薄、善恶、阴阳、黑白等；其二，合偶的双方是相互依赖、相互结合、相互渗透、相互转化的，也就是"偶之合之，仇之匹之"。

87. 物莫无合，而合各有阴阳。

【出处】《春秋繁露·基义》

【译文】事物没有不互相匹配的，而匹配中分别有阴和阳。

【赏析】"阴阳相合"是董仲舒阴阳思想的重要观点。世界万物都是由阴阳两个部分所构成，这两个部分要通过特定的方式去"合"。首先，"阴阳相合"是彼此融合、相互吸纳。《春秋繁露·顺命》篇讲："独阴不生，独阳不生，阴阳与天地参然后生。"生成万物必须由阴阳与天地参合才能完成。《天人三策》说："天使阳出布施于上而主岁功，使阴入伏于下而时出佐阳。

阳不得阴之助，亦不能独成岁。"阳虽然是上面的主导，但是如果没有阴在下面的辅助，也不能使年岁独自完成。可见，无论阴还是阳都不可能离开对方而自行发生、自行完成，都必须相互辅助，形成合力，并与天地一起发挥作用，才能生化、构造出无限的世界万物。其次，"阴阳相合"是有主有从的。"阴者，阳之合；妻者，夫之合；子者，父之合；臣者，君之合"，只能是处于从属地位者去合处于主导地位者，而不能反其道而行。

88. 天之常道，相反之物也，不得两起，故谓之一。一而不二者，天之行也。

【出处】《春秋繁露·天道无二》

【译文】天道运行的不变法则，就是性质相反的事物，不能两者同时并起，所以称之为一。一而不二，就是天道的运行。

【赏析】董仲舒认为天道是统一的，虽有阴阳互相对立，但是二者不能同时并起，它们总是一个进入，一个退出；一个显现，一个隐伏；一个在左，一个在右，因此天道运行的法则是"一而不二"。作为"相反之物"的阴、阳二气不能同时、同地出现。比如春天，阳气出现而阴气衰退；秋天，阴气出现而阳气衰退；夏天，阳气在右，阴气在左；冬天，阴气在右，阳气在左。这样，阴阳二气各自运行，势力彼此消长，形成一年四季和二十四节气，完成天之岁功。董仲舒还用浅易的人生体验来说明天道"一而不二"的道理：人的眼睛不能同时看两样东西，耳朵不能同时倾听两种声音，手不能同时做两件不同的事情，不能一手画圆一手画方。这些虽然都是小事，但是违背了"一而不二"的天道规则，同样也不会成功。董仲舒还独辟蹊径地通过对"忠"和"患"两个字的分析，来说明"一而不二"的道理。他说"忠"字的字形，是"心止于一中"，也就是专心于一处，一心一意；"患"字的字形，是心有"二中"，也就是不专心，三心二意。君子当然应该一心一意，而不应该三心二意，所以君子修身治国都应该效法天道，"贱二而贵一"。实行"大一统"也因此有了阴阳天道的根据。

89. 阴阳之气，在上天，亦在人。在人者为好恶喜怒，在天者为暖清寒暑。

【出处】《春秋繁露·如天之为》

【译文】阴阳之气，不仅存在于上天，也存在于人的身体。阴阳之气在人身上表现为好恶喜怒的不同情绪，在天上表现为暖清寒暑的季节变化。

【赏析】董仲舒从"天人一气"的角度，说明阴阳之气不仅充斥于天地之间，也充满人的身体。天有阴阳之气，阴阳的出入、上下、左右、前后，运行不止，自然有序，从而有了暖、清、寒、暑的季节变化。董仲舒以天的阴阳运转来说明人体的阴阳之气的变化和调整。人道和天道有共通之处，人要效法天的四时流转，善于调整体内的阴阳之气。人的内心一旦产生波动，就会表现出愉快、愤怒、悲伤、怨恨或绝望等不同情绪，这些情绪和天气的变化一样，是自然的反应，不管是深藏于内心还是表达于外，都是天赋予人的性情。董仲舒说，天地的阴阳之气周流运转，从来没有滞留过，人体内的阴阳之气也要运行通畅，不能有所滞留，使各种情感像四季一样自然变化调整。如果喜、怒、好、恶等不同情绪不能及时调整，长时间地停留或郁结于一种状态，那么人的身体就会出现问题。所以，人要像天一样，善于涵养体内的阴阳之气，让外在的生命和内在的精神始终处于一种和谐运转、自然安适的状态。董仲舒的"天人一气"理论对于人们在管理情绪、调整心态方面依然有借鉴意义。

90. 木生火，火生土，土生金，金生水，水生木。

【出处】《春秋繁露·五行对》

【译文】由木生火，由火生土，由土生金，由金生水，由水生木。

【赏析】"木、火、土、金、水"的五行排列顺序在董仲舒之前的文献中已有出现，是人们在以五行配入四时的过程中形成的。春天万木生长，与"木"相应；夏天天气炎热，与"火"相应；秋天万木凋零，萧瑟肃杀，与"金"相应；冬天天寒地冻，寒水自黑，与"水"相应。因此，五行配入四时之后所形成的次序就是"木、火、土、金、水"。但是，这种次序排列仅仅是人们观察大自然的经验所得，并不是因为发现了五行之间内在的相生关系。直到董仲舒，他才第一次从五行相生的角度对这种排列次序进行解读和诠释，创立了"五行相生说"。总之，董子之前有其顺序，董子之后才有其理论。董仲舒提出五行相生，从木开始，循环相生。"木生火"，木料燃烧可以生成火；"火生土"，燃烧之后的东西变为土灰；"土生金"，土中挖出的矿石可以炼成金属；"金生水"，金属制作的承露盘，晴夜向月，可以得到水；"水生木"，水的滋养能使树木生长。这是"五行相生说"的基本含义。

91. 木，五行之始也；水，五行之终也；土，五行之中也，此其天次之序也。

【出处】《春秋繁露·五行之义》

【译文】木，是五行的开始；水，是五行的终结；土，是五行的中央，这是上天排列的顺序。

【赏析】董仲舒以五行为天道的表现，五行的排列顺序即"天次之序"。"五行"的概念最早出现于《尚书·洪范》，其排列顺序是"水、火、木、金、土"，既不是相生之序，也不是相胜之序。《左传》文公七年中出现的五行顺序是"水、火、金、木、土"，与《尚书·洪范》一样都是以水居首，但"木、金"的顺序颠倒为"金、木"，顿时演变成了相胜之序。战国后期的邹衍以五行相胜关系解释王朝更替，所以他排列的五行顺序也是"水、火、金、木、土"。以五行相生顺序排列的，主要见于《管子》诸篇、《礼记·月令》、《吕氏春秋》"十二纪"诸篇，其顺序为"木、火、土、金、水"。董仲舒虽主张五行相生和五行相胜，但他排列五行的顺序是相生之序，而且认为这是"天次之序"，即木、火、土、金、水。《春秋繁露》九篇关于五行的文章中，除《五行五事》外，五行的排列次序皆为相生之序。《五行相胜》虽然篇名是"相胜"，但仍以相生之序排列五行。由此可见，董仲舒更为重视"五行相生"。

92. 五行者，五官也，比相生而间相胜也。故为治，逆之则乱，顺之则治。

【出处】《春秋繁露·五行相生》

【译文】五行，指的是五种官职。它们之间邻近的两行相生，间隔的两行相胜。因此治理天下，违背这个法则就紊乱，顺从这个法则就安定。

【赏析】董仲舒以"比相生而间相胜"的理论构建起五行学说的基本框架。五行顺序为木、火、土、金、水。所谓"比相生"，是指邻近的两行相生，即木生火、火生土、土生金、金生水、水生木；所谓"间相胜"，是指间隔的两行相胜，即木胜土、土胜水、水胜火、火胜金、金胜木。按照五行次序运行就会"顺"或"治"，违背五行次序运行就会"逆"或"乱"。董仲舒将五行与政治紧密结合起来，他设计的"五行相生模式"中的五官，尽职尽责，互相配合，使得政府良性运行，这是董仲舒对理想政治模式的建构。他还设计了一套"五行相胜模式"的现实权力制约机制：司农是木，司徒是金，司徒约束司农，这叫"金胜木"；司马是火，司寇是水，司寇约束司马，这叫"水胜火"；司营是土，司农是木，司农约束司营，这叫"木胜土"；司徒是金，司马是火，司马约束司徒，这叫"火胜金"；司寇是水，司营是土，司营约束司寇，这叫"土胜水"。

93. 土者，五行最贵者也，其义不可以加矣。

【出处】《春秋繁露·五行对》

【译文】土是五行中最尊贵的，它所包含的义不可复加了。

【赏析】"五行贵土"是董仲舒五行思想的一大特色。这是董仲舒在为河间献王解释为什么孝是"地之义"时提出的。董仲舒说，滋养万物生长的风雨本来是大地产生的，但是大地

"不敢有其功名"，而把功劳和美名归于上天。在下位的人事奉在上位的人，如果能够像地事奉天一样，就可以说是"大忠"了。从五行来看，土不具体负责任何一个季节，但它帮助木、火、金、水成事，"木非土不能生，火非土不荣，金非土不成，水非土不高"。土德中和四方、调和四时，实际作用非常重要，但却没有显赫浮华的威名，因此在五行中土德是最高尚的。现实生活中那些默默付出、不求名利的奉献者正是土德的最好诠释。董仲舒"五行贵土"的思想，与传统农业社会的生产实践密不可分，同时也是儒家"中和""中庸"思想的反映，更是大一统政治现实在思想领域中的折射。

94. 五行变至，当救之以德，施之天下，则咎除。

【出处】《春秋繁露·五行变救》

【译文】五行的变异发生后，应当用德政来加以补救，施行德政于天下，那么灾祸就会消除。

【赏析】董仲舒认为五行发生变异，那是因为君主为政出了问题，要解决问题只能依靠君主施行德政。比如，如果"木"发生变异，那么草木就会在春天凋谢而在秋天茂盛，秋天的树木上凝结冰霜，春天会经常下雨。为什么会出现这种异常呢？是因为政府征发百姓服劳役的人太多，征收的赋税太重，"百姓贫穷叛去，道多饥人"。如何解救呢？那君主必须施仁政以挽救，"省徭役，薄敛赋，出仓谷，赈困穷"。至于"火有变"，则须"举贤良，赏有功，封有德"；"土有变"，则须"省宫室，去雕文，举孝悌，恤黎元"；"金有变"，则须"举廉洁，立正直，隐武行文，束甲械"；"水有变"，则须"忧囹圄（língyǔ），案奸宄（guǐ），诛有罪，蒐（sōu）五日"，即关心监狱里的犯人，稽查犯法作乱的人，诛杀犯罪的人，在国内举行五天的搜查行动。董仲舒的"变救"思想来源于《周易》。《周易》六十四卦中没有绝对的凶卦，人只要能够强勉、居正，总能够逢凶化吉。在五行变异面前，君主要主动反省，亡羊补牢，调整政策导向，顺应五行之气，积极改过救治。董仲舒的"五行变救"实际上体现的是儒家"为政以德"的德治观。

95. 夫德莫大于和，而道莫正于中。

【出处】《春秋繁露·循天之道》

【译文】德没有比和更大的，道没有比中更正的。

【赏析】"中和"是中国文化的核心价值观念，其概念最早出自《礼记·中庸》。《中庸》曰："喜怒哀乐之未发，谓之中；发而皆中节，谓之和。"这是从人的性情入手谈"中和"，性情在内未显露就是"中"，表现于外并且符合礼义规范就是"和"。董仲舒则是将"中和"纳入他的天人体系之中，"循天之道"谈"中和"。他以阴阳之气来解释"中和"：阳气的运行始于北方之中（冬至），止于南方之中（夏至）；阴气的运行始于南方之中（夏至），止于北方之中（冬至），阴阳之气"起于中而止于中"，所以说"中者，天地之所终始也"。接着，始于北方之中（冬至）的阳气，运行到东方之和（春分），万物生长；始于南方之中（夏至）的阴气，运行到西方之和（秋分），万物成熟。所以说"和者，天地之所生成也"。遵循"中"的规律，就会达到"和"的境界，因此董仲舒说："中者，天之用也；和者，天之功也。"至于"中和"与"道德"的关系，董仲舒提出了"德莫大于和，而道莫正于中"的观点。"道德"的价值目标是"中和"，"中和"的实现路径是"道德"。这种思维方式，将价值观与道德观结合起来，为我们今天认识和处理道德建设与和谐社会建设的关系，提供了宝贵的思想资源。

96. 天人之道兼举，此谓执其中。

【出处】《春秋繁露·如天之为》

【译文】天道人道同时施行，这就叫把握了中道。

【赏析】董仲舒倡导人道效法天道，但同时又指出"天人之道兼举"，主张"执其中"。这里的"执其中"即儒家崇尚的"中庸之道"。董仲舒认为，人道对于天道的顺从和效法不是简单机械地模仿，而是要深入探究天地之道的本质所在，找到天道、人道最适当、最适度的相合方式，以此应用到人事上。董仲舒认为，君主在施行政令时最适当、适度的方法就是当赏则赏、当罚则罚。当然，由于人们自身处于矛盾的一端，受到利益和认识条件的限制，往往很难做到"执其中"。所以，除了具备丰富的知识、经验和智慧以外，还要有秉承中道的修养和公正平和的仁心仁德，才能做到"天人之道兼举"。董仲舒"中"的思想继承了儒家"中庸"的一贯主张，并进一步将其与阴阳、四方、四时的观念相配合，从而形成了自己与众不同的哲学思想。

97. 循天之道以养其身，谓之道也。

【出处】《春秋繁露·循天之道》

【译文】遵循天道来保养身体，叫作有道。

【赏析】"循天之道"是养身之大道。董仲舒所讲的"养身",不仅是保养外在的身体,也包括保养内在的心性,是一种内外兼修的"生命保养"。董仲舒认为体察、遵循天道,可以用来保养身心。万物都是在天地、阴阳的中和之处发生、发展和成熟的,人也应该效仿天地的中和之道,做到内无贪心私欲、外随季节变化饮食起居。遵循天地之道保养生命,是中华优秀传统文化整体思维的一个重要特征。因为天地、阴阳以及人与万物同属一气,外在的世界(天地宇宙)是一个整体,自己的身体也是一个整体,而人和物又构成一个整体,所谓"天地万物一体也"。整体又包括许多部分,各部分不是独立的,它们之间相互联系、相互影响、相互感应,这也就是董仲舒反复论述的"天人感应"。董仲舒一生宦海浮沉,但仍能得享高寿,应该与其注重养生关系密切。在《春秋繁露》中,《循天之道》《人副天数》《身之养重于义》等篇中都论及养生,值得深入研究。

98. 能以中和理天下者,其德大盛,能以中和养其身者,其寿极命。

【出处】《春秋繁露•循天之道》

【译文】能用中和治理天下的人,他的德行很完美;能用中和保养身体的人,他的寿命绵长。

【赏析】董仲舒认为"中和"既可"养其身"又可"理天下",既是养生原则,又是治国原则。儒家的和谐思想大致包括三重含义:天人和谐、社会和谐、身心和谐。董仲舒的《春秋繁露》中"和"字共出现了七十五次,基本涵盖了这三方面的意思，但作为政治思想家的董仲舒，对"和"的关注始终锁定在治国理政方面。

　　在董仲舒看来，理想的社会应该等级有序、上下和洽。为了达到这种理想，圣明的君主就应该遵守以"中和治国"。所以他说："中者，天地之美达理也，圣人之所保守也。"认为中和是天下最好的常理，也是圣人所遵循的。他还引用《诗经》里的"不刚不柔，布政优优"，来说明中和施政也是经书所提倡的。董仲舒认为，如果君主能够做到中和施政，则"其德大盛"，就会出现"元气和顺，风雨时，景星见，黄龙下"等天人和谐之景象。中和思想在今天仍具有重要的现实价值。当今时代，人与人、人与社会、人与自然的冲突，以及不同文明之间的冲突，在一定程度上已成为社会发展的障碍。借鉴董仲舒"以中和理天下"的智慧，有助于化解这些冲突，对当今人类命运共同体的构建、现代文明的发展都有重要的启示和借鉴意义。

　　99. 俗以辨诈而期通兮，贞士耿介而自束。虽日三省于吾身兮，繇怀进退之惟谷。

　　【出处】《士不遇赋》

　　【译文】俗世之人都希望通过能言善辩、伪善奸诈去获得亨通，只有品行高洁、守志不移的人才能自我约束。即使每日多次自我反省，依然犹如进退两难般小心翼翼，不敢贸然行事。

　　【赏析】董仲舒的文学作品今仅存《士不遇赋》一篇。汉代表现士人不遇的赋作大量出现，如贾谊的《吊屈原赋》、司马迁的《悲士不遇赋》、东方朔的《答客难》和扬雄的《解嘲》等，反映了士人在大一统的专制制度下政治理想的受挫和自我期待的落空。作为儒家学者，董仲舒主张积极入世，为时所用，探求安身立命之所，但是社会现实环境与个体价值追求之间存在着严重的矛盾冲突。就董仲舒生活的那个时代而言，势利小人凭借巧舌如簧和狡诈心机直上青云，人们不以为耻反以为荣，正人君子追求正直自律却越来越被边缘化。这就造成士越是反躬自省，就越与社会现实相背离。于是，政治上的不得意便化作了文学上的悲叹，在赋中得以宣泄。

100. 孰若反身于素业兮，莫随世而轮转。虽矫情而获百利兮，复不如正心而归一善。

【出处】《士不遇赋》

【译文】不如回到那儒学的事业上，不要再随着社会形势的起伏而回转。虽然改变了本性就能获得百利，仍不如端正心意集中到某一有益的事业上来。

【赏析】能够随世而轮转需要处事"圆通"，而中国古代士人历来是圆不足而方有余，在现实社会中往往表现得愚钝、拙朴，因此屡屡受挫，不为社会所容。董仲舒既没有选择随波逐流，也没有选择消极遁世，而是把人生的价值最终定位在道德的至善。为了实现这个目标，坚决舍弃许多利益诱惑，独善其身。"不如正心而归一善"，其意暗合了儒家所倡导的"穷则独善其身，达则兼济天下"之宗旨，毕竟追求道德上的完善也是儒家提倡的一种理想人生境界。董仲舒的赋中有生不逢时的痛苦、生命短暂的忧惧、功名不就的急迫、与时不合的苦闷，更有"君子固穷""知其不可为而为之"的历史使命感，体现了一代儒学大家的道德风范。

第五章　千年评说

董仲舒综合百家之长，适应时代之需，构建了精深庞大的思想体系，开创了汉唐经学的新格局，对后世产生了深远的影响，成为堪与孔子、朱熹比肩的一代儒学大师。宦海浮沉几十载，青史褒贬两千年。下面我们就按历史进程，看一看千年以来，古今士人对董仲舒的评价。

汉　朝

董仲舒生活在西汉时期，当时就具有很高的声誉和名望。司马迁在《史记·儒林列传》中虽对董仲舒着墨不多，但高度评价了董仲舒的成就："下帷讲诵，弟子传以久次相受业，或莫见其面，盖三年董仲舒不观于舍园，其精如此。进退容止非礼不行，学士皆师尊之。"称颂董仲舒下帷发愤、目不窥园的勤学精神。

东汉的桓谭在《新论·本造》中记载："董仲舒专精于述古，年至六十余，不窥园井菜。"当时有很多青年拜董仲舒为师，向他学习。董仲舒博学多识，被称为"汉代孔子"，受到人们的尊敬和仰慕。

班固在《汉书》中高度赞美董仲舒。在《董仲舒传》中引刘向之语，称："董仲舒有王佐之才，虽伊吕亡以加；管晏之属，霸者之佐，殆不及也。"董仲舒能学以致用，有辅佐帝王之才，就算是伊尹、吕尚也不过如此；至于像管仲、晏婴辅佐成就霸业之类的良相，更是无法与董仲舒相比。班固还引刘歆所言："仲舒遭汉承秦灭学之后，六经离析，下帷发奋，潜心大业，令后学者有所统一，为群儒者首。"秦朝焚书坑儒，很多经典散失殆尽，董仲舒经过深入研读，将儒学典籍重新整理和传授，董门弟子和再传弟子以及后学，形成了一定的政治和学术影响力，使得分崩离析的儒家学说重新归于统一，所以刘歆称董仲舒为"群儒首"。《五行志上》记载："汉兴，承秦灭学之后，景、武之世，董仲舒治《公羊春秋》，始推阴阳，为儒者宗。"董仲舒博采众长，融合诸家学说，适应汉代社会现实，完成了儒学的一次综合和创新，并上升为主流意识，班固以"群儒首""儒者宗"概括了董仲舒在儒学发展史中的重要地位和作用，体现了董仲舒对儒学发展所作的巨大历史贡献。

　　东汉思想家王充反对天人感应和灾异谴告说，但他在《论衡》一书中却充分肯定了董仲舒的学术主张、历史地位和人格魅力。他在《别通篇》说："董仲舒虽无鼎足之位，知在公卿之上。"董仲舒虽然没有获得高官要职，但是智慧却在公卿重臣之上。在《死伪》篇说："董仲舒请雨之法，设土龙以感气。夫土龙非实，不能致雨，仲舒用之致精诚，不顾物之伪真也。"董仲舒祈雨的方法，是设置土龙用来感应云雨之气，土龙不是真龙，也招不来雨水，董仲舒只是用它来表达自己祈雨的诚意，所以就顾不上土龙的真假了。王充指出董仲舒祈雨的神学外衣下，是一颗真诚的忧念百姓之心，客观评价了董仲舒求雨止雨的行为。《效力》篇中说："文王之文在孔子，孔子之文在仲舒"，王充认为董仲舒是继周文王、孔子之后儒家学说的正宗传人，是圣统道统的继承者。用现代的话说，就是当代圣人，这是对董仲舒学术成就和历史地位的极高评价。

唐　朝

唐代是诗歌发展的鼎盛时期，很多文人以诗歌的形式追思赞美董仲舒。

唐玄宗开元年间的名相张说有诗言："才雄子云笔，学广仲舒帷。"将扬雄和董仲舒并称，赞美董仲舒学问广博，精通经籍。

唐代宗时期的"大历十才子"之一钱起更是将董仲舒与先圣孔子并称，写道："述圣鲁宣父，通经汉仲舒。"孔子祖述尧舜，宪章文武，总结和传承上古三代礼乐文化，是中华文化的奠基者和开创者。孔子的地位和贡献卓著非凡，当时被尊奉为"宣公"，自然是历代文人崇敬的先师圣人。诗人把董仲舒与孔子并举，赞美董仲舒学识渊博，精通六艺，通晓经书，是后世学者学习的榜样。董仲舒通晓经书，《汉书·儒林传》中记载："仲舒通五经，能持论，善属文。"

诗人孙宗闵写有两首《慎独》，其中一章开头写"仲舒格言，许绪深旨"，董子慎微警诫的话语，许绪意旨深远的语言，这些先哲的警语，言浅意深，不能不谨慎呀！诗人称赞董仲舒警惕谨慎的品行，能坚守本性"存其诚"，不为外物所浸染，这也是董仲舒清正廉直、慎微慎独的德行对后世的影响。

诗人赵嘏在《平戎》一诗中赞"董生才足使胶西"，是说董仲舒在担任胶西国国相时，秉持儒家仁义大道，直言劝谏，匡正和引导诸侯王的行为。《史记》中记载，胶西王"素闻董仲舒有行，亦善待之"。"才足"和"有行"说明董仲舒不仅才学广博，而且言行守礼，因此赢得了胶西王的尊敬。

诗人罗隐有一首《董仲舒》诗："灾变儒生不合闻，谩将刀笔指乾坤。偶然留得阴阳术，闭却南门又北门。"这是为数不多的批判和嘲讽董仲舒的诗作。诗人批评董仲舒的天人感应、灾异谴告和阴阳五行学说不合常理，求雨止雨只是阴阳之术。这也是董仲舒的天人哲学被后世人们的误读和曲解，殊不知，董仲舒的天人哲学绝不是故弄玄虚，更不是为了愚弄百姓，而是真正地将理论应用到现实，为现实政治和百姓生活服务。如果不能透过天人哲学这层外衣，认真研究董仲舒的顺天应人的真切用意，体察董仲舒的那颗重农爱民的赤诚之心，很容易对他的学说产生错误的认识和解读。可谓是"你笑董生太荒诞，我笑罗君看不懂"！

宋元时期

宋代是儒学发展的重要历史时期，董仲舒作为推崇六艺、独尊儒术的汉代儒学大师，对宋代道学、理学思想的形成和发展都产生了重要的影响，元代时被请入孔庙"从祀"。

宋初文坛领袖、古文运动的倡导者欧阳修在《书春秋繁露后（景祐四年）》中评价说："董生儒者，其论深及《春秋》之旨。"董仲舒研究《春秋》，深得其旨。程颢、程颐的《二程遗书》（卷一）中也称："汉儒如毛苌、董仲舒，最得圣人之意。"汉代儒者只有毛苌和董仲舒是传承正宗儒学，最解圣人之意。后来元代的史学家、文学家苏天爵非常赞同二程的评价，亦称："贾谊、董仲舒皆负卓越之才，观其奏篇，反覆治乱之原、天人之对，而先儒以毛苌、董仲舒最得圣贤之意。"将贾谊、董仲舒并举，称二人皆具有超人的学识和才华，上疏奏文、对策，都能直指国家治乱的根源，并能以天道来论证，继承了圣贤的意旨。

北宋著名的政治家、史学家和文学家司马光在退居西京洛阳时，写有一组诗歌《独乐园七咏》，为园中七个亭堂水榭题诗，分别歌咏董仲舒、陶渊明、杜牧、白居易等七位古圣先贤。七首诗都以"吾爱……"开头，向七位先贤直接"表白"，可见司马光对他们的情感是多么炽烈。其中《读书堂》是为赞颂董仲舒而咏："吾爱董仲舒，穷经守幽独。所居虽有园，三年不游目。邪说远去耳，圣言饱充腹。发策登汉廷，百家始消伏。"表明了对董仲舒的喜爱、敬爱和仰慕之情。歌颂董仲舒三年目不窥园，精心治学，并借董仲舒以"天人三策"登汉廷，实现思想一统的政治理想，来抒发自己无法实现政治抱负的一腔忧闷。司马光虽身居"独乐园"，内心孤愤、苦闷又无奈，但遥想往圣先贤的忧乐和志向，与自己心志相通，仍激荡着昂扬奋进的基调和无比坚定的信心。

北宋哲学家、文学家杨时在《龟山集·送吴子正序》中历数汉代的贾谊、董仲舒、司马迁、扬雄等大儒，赞美他们："雄文大笔驰骋古今，沛然如决江汉，浩无津涯，后虽有作者，未有能涉其波流也。"一代汉儒都有雄才大略，文采粲然，就像是滔滔江水，浩渺无穷，后来的文人学者，少有能比得上的。

吕祖谦在《宋文鉴》卷七十五引刘敞的《西汉三名儒赞》："仲舒先觉，承秦绝学，进退规矩，金玉其璞。……嗟尔君子，克遵厥道。"高度赞美董仲舒在学问方面传承先秦儒学，与时俱进，创新融合，在品行方面又内外兼修，金玉其质，一代醇儒，堪称君子典范。南宋的诗人、画家郑思肖有一幅画作《董仲舒不窥园图》，并题诗一首："西汉诸儒君最醇，无人见面意应深。三年尽力窥经史，一旦看花了古今。"肯定了董仲舒在汉代儒学中的领袖地位和一代大儒的风范，描写了董仲舒三年不窥园，苦读经书的坚守，以及董仲舒一旦走出书房，观世外百花，定能古今通达、造福天下的学术自信。

董仲舒以正道辅佐帝王，二程和朱熹都特别推崇董仲舒的这句"正其谊不谋其利，明其道不计其功"，并加以阐发。程颢、程颐在《二程遗书》一书里称"在此董子所以度越诸子"，正是这句话体现出来的义利观，超越了先秦诸子。朱熹将这句话收录在《白鹿洞书院揭示》，以警示后学者。

朱熹对董仲舒的《天人三策》也给予了高度评价，《朱子语类》中说："汉儒最纯者莫如董仲舒，仲舒之文最纯者莫如三策。""纯"，不仅指董仲舒为人性情纯正，而且指其思想纯粹，尤其是《天人三策》，虽然是以天道论政治，但思想根源和宗旨秉承儒家思想的正统，与先秦儒学一脉相承。真德秀是继朱熹之后的理学正宗传人，创立"西山真氏学派"，在他的《西山读书记》中说："董仲舒名儒也，多得《春秋》要义，所对切中当世之病，如罢黜百家，表章六经，其功不在孟子下。"董仲舒是汉代名儒，解读《春秋》，既得其要旨，又能结合现实，切中时弊。董仲舒提出的罢黜百家、表章六经，对儒学的贡献不逊于亚圣孟子。南宋著名学者黄震在其《黄氏日抄》中称："自孟子没后，学圣人之学者惟仲舒。其天资粹美，用意纯笃，汉唐诸儒鲜其比者。"孔孟儒学一脉相承，孟子之后，唯有董仲舒传承了圣人之学。他天资聪慧纯美，性情笃厚廉直，汉唐以来都很少能有能超越董子的。真德秀和黄震的评价不仅明确了董仲舒与孔孟儒学的传承关系，还高度肯定了董仲舒的特殊贡献。这个评价也直接影响了后来的学者，元初大儒郝经在《去鲁记》中说："明圣人之道者，莫如董仲舒。"元代政治家曹元用也在《董子祠堂记》中称："先儒以为其功不在孟子下。"

宋代著名史学家"三范"之一的范祖禹，在他的《帝学》中说："董仲舒对策，推明孔氏，帝遂罢黜百家，表章六经……号令文章焕然可述，后嗣得遵洪业，而有三代之风。"董仲舒的《天人三策》，将孔子的六艺之学推广张大，给传统儒学注入新的活力，汉武帝采纳董仲舒的建议，确立儒学的主流思想地位，承袭三代遗风，成就一代伟业，泽被后世。

但是南宋思想家陈亮认为："仲舒欲以渊源正大之理，而易其（汉武帝）胶胶扰扰之心，如枘凿之不相入。""胶胶扰扰"是纷扰、动乱，难以安宁的意思。汉武帝即位之初，励精图治，革新救弊，但他又好大喜功，不愿意勉强学问，不能静下心来"修己以安百姓"。"枘凿"是"方枘圆凿"的省略语。枘，是榫头。凿是榫眼。方榫头，圆榫眼，二者合不到一起，比喻两不相容。意思是董仲舒的仁义大道与汉武帝的好大喜功，君臣之志不相合，所以最终董仲舒的一番苦心在当时未能实现。元代著名诗人、政治家王恽作《董子祠》："贤哉董大夫，三策贯汉庭。论说天人际，高吐三代英。仁义我所重，功利我所轻。纷纷弘汤问，独能尊圣经。所惜王者佐，竟老胶西卿。"称赞董仲舒重仁义轻功利，又叹惜虽以圣人正道匡正帝王，却未能实现政治理想，最终以胶西国相致仕悬车，归隐乡里。

北宋学者江端礼在《节孝语录》一书的提要中评价："董仲舒不惟道学深醇，亦精于论议，所谓下高其行而从其教，民化其廉而不贪鄙者，真励世之法也。"董仲舒不仅学问做得好，也精于论证，能让人相信。所以用道理教化百姓时，民众能从他廉直的品行中受到教育而不贪婪卑鄙，这才是真正的激励后世之人的法则！

明 朝

明初董仲舒被封为"先儒"。正德年间，在全国掀起了一股尊崇、纪念董仲舒的热潮。高廷法的《咸宁县志》卷十二《祠祀志》中记载："由是董子之道益显，而董子之祀益广矣！"当时凡是与董子生平有关联的地方都盖有董子庙，立有董子像。老百姓也前往焚香膜拜。在董子故里，人们很早就修建了"董庙"，明代建有"董子书院"和"董子祠"。在董夫子讲学的董学村，当地百姓也修建了"董子祠"，在旧县村，董子祠内塑有一尊两米多高的石刻坐像。

明代著名的史学家、政治家丘濬高度评价董仲舒倡导的礼乐教化，认为"是诚自古帝王修教立化之本也"，是自古以来王道教化的根本。《明史·杨砥传》中杨砥说："董仲舒《天人三策》及正谊明道之言，足以持翼世教。今孔庙从祀有雄无仲舒，非是。"认为董仲舒的《天人三策》以及正谊明道的思想，足以传承维护圣人教化，而孔庙的从祀中有扬雄却没有董仲舒，这是不对的。当时，有很多学者都认为，董仲舒是汉代唯一能传承儒学正统的大儒，比如明代官员夏良胜说："孔孟之后，言王道者无如董子，而董子之本于正心。"孔孟之后，能够阐明王道思想的，谁都不如董仲舒，因为董仲舒本于正心来求王道。经学家孙绪也在《董子故里志》序中称："董子所谓道之大原出于天，人性之本原也。不计功，不谋利，仁人之本心也尽之。"董仲舒所说的"道之大原出于天"，是人性的本原，不计功利，不谋求私利，仁人的本心就体现在天道当中。学者邵廉在《序刻南丰先生文集》中说："汉兴，庶几乎道者，得一董仲舒。论政则明教化而重礼乐，论学则崇道谊而诎功利。"汉正兴盛之时，能体悟传承圣人道统的，只有董仲舒一人。并称赞董仲舒推明教化，重视礼乐，崇尚正道明义，轻视功利。

内阁首辅李东阳在《重修董子书院记》中说："惟董子之道见于大廷三策，圣人之学，帝王为治之法备矣。"认为董仲舒重要的思想成就在《天人三策》中都可以体现，既传承圣人之学，又能结合现实，为治国理政建言献策，寻求长治久安之法。官员史鉴的《祭董仲舒文》也同样高度评价《天人三策》，论治人本于明道，修身原于正心，以阴阳论德刑，重教化，重仁义思想，而且董仲舒为人守正不阿，遭受权臣陷害，最终辅佐匡正骄王，史鉴说这些都是"人之所难能也"。

通过一些文人诗作，也可以看到董仲舒对后世文人思想和文风的影响。胡翰来到董子故里广川旧地时，怀古抚今，作《吊董生文》："临广川之故墟兮，曰夫子首丘。望原隰以怀思兮，怅欲去而夷犹嗟。王风之不竟兮，人各务其私智。道术裂而尼散兮，世以久而莫治。"胡翰来到董子故里，怀念董仲舒所推崇的孔孟王道之风，感慨如今功业未竟，人们各具私欲，以至道术分崩离析，散失殆尽，天下不得太平，表达了诗人对董仲舒的敬仰和追思。

王云凤有一首《下马陵》:"汉儒陵墓汉城东,汉代君臣敬礼同。自古有谁传下马,于今何幸企高风。原从邹鲁昭仁义,直辟嬴秦计利功。几度幽寻钦胜迹,祠堂松柏郁葱葱。"古往今来,关于董仲舒墓址的问题,一直众说纷纭,莫衷一是。有学者认为董仲舒葬在下马陵,有学者认为陕西兴平市东北茂陵附近才是董仲舒墓的所在。不管是汉武帝"下马"还是"策冢"陪葬,都表明董仲舒讲仁义,辟功利,以自己的博学多识和清正廉直,生前身后都得到了汉武帝的尊敬,诗人羡慕汉武帝和董仲舒的君臣相和、有礼有敬。

清 朝

著名思想家、史学家顾炎武在《日知录》中称西汉、东汉文人的著述都非少,而"惟董仲舒至百三十篇",称赞董仲舒一生专致传经治学、著书立说。

站在水边的董子祠旁,学者朱彝尊赋诗《董子祠》:"汉日江都相,荒祠旧水滨。玉杯存俎豆,青简重天人。夕鸟窥园下,秋花裹露新。凄凉不遇赋,千载一沾巾。"董仲舒曾任汉代江都相,而今只剩破败的旧祠堂可供后世瞻仰。《玉杯》指董仲舒的著作《春秋繁露》中的一篇,"青简"借指历史,昔日功业已没,祠堂荒凉,但王道思想和天人哲学尚存世间。看晚归的飞鸟,秋夜凝结的露水,岁月流转,诗人感慨董仲舒生不逢时,怀才不遇,隔着千年时空,与董子一同悲叹涕泪。同时代的王士祯也著有《董子祠》一诗:"董公祠庙已荒凉,凭吊西京意倍伤。漫以园林劳主父,只将经术奉骄王。时逢明主身空老,志在春秋道正长。我自爱传繁露学,玉杯曾问广川乡。"当时,董子祠少有人来，很荒凉破旧，诗人对着长安追思先哲，更加悲伤。想董仲舒一生苦读经书，为帝国寻求良策，却也只能辅佐骄王，虽有明主却空待衰老。一腔报国之志，只能付于著作之中。清初诗人、文学家查慎行学问超人，家风醇厚，当时被称为"一门七进士，叔侄五翰林"，后遭革职回乡，又受文字狱牵连，郁郁不得其志。有一天，来到董子故里的董子祠，作《景州董子祠》，感慨："醇儒岂以科名重，浊世无如经术轻。却笑武皇亲制策，牧羊牧豕尽公卿。"董仲舒作为一代醇儒，岂能以达官显禄来赢得世名，诗人嘲讽汉武帝亲览对策，也未能重用董仲舒，如今朝堂之上尽是滥竽充数之辈。

　　董仲舒任江都国国相六七年，江苏扬州至今还有"董仲舒宅""董井"的古迹，以及自明代以后世代相传的祭祀"董子祠"的仪式。诗人彭桂造访董子的江都故居，诗题中写道"扬州鹾署为董江都故居，署后有祠，遗井尚在，丁巳秋瞻谒感赋"，面对先贤遗迹，诗人有感而发："三策本《春秋》，反覆诚修省。正谊与明道，功利所亟屏。至今两庑祀，千秋日星炳。"《天人三策》都是本于《春秋》大义，反复警示修身自省的重要性。董仲舒的正谊明道和仁义大道，足以从祀先圣，彪炳史册。"两庑"是指孔庙大成殿东西两侧的房子，是后世供奉先贤先儒的地方，董仲舒自元代从祀孔庙，其他配享的后世贤儒还有韩愈、朱熹、王阳明等。

　　清代学者推崇董仲舒者，首推康有为，他著有《春秋董氏学》一书，认为："不得董子发明，孔子之道，殆坠于地矣。……明于《春秋》者，莫如董子。"董仲舒发明《春秋》大义，是儒学发展史上的关键人物。工部尚书魏廷珍在《重修董子祠碑记》中称："孔孟之道绝而复续，厥功必推董相。"表明董仲舒对儒学的重要贡献和历史地位。学者皮锡瑞也高度肯定董仲舒的成就："孟子之后，董子之学最醇。"

清代有大量歌咏怀念董仲舒的诗歌。学者李开叶曾作《董江都》："东西两汉一醇儒，述作真能舆道俱。三策大廷存国史，十年贤相卧江都。平津阿世官应达，贾傅忧时骨早枯。试问传经诸博士，计功能似广川无。"意思是汉代醇儒董仲舒，既能够著书又能够传道，他以"天人三策"确立国本，又尽心尽力辅佐江都相。不管是官运亨通的平津侯公孙弘，还是郁郁不得志、英年早逝的贾谊，试问传经典的各位博士，他们哪位的功绩可以和董仲舒相媲美呢？

现当代

近现代以来，虽然对董仲舒的研究和评价几经沉浮，但学界一直极力褒扬和肯定董仲舒的历史地位和影响力，不断深入挖掘董学思想的深刻内涵和现代价值。

新儒家学派代表人物徐复观称："儒家典籍中提到的三代学制，还只是儒家的理想，而这一理想的初步实现，实始于董仲舒的对策。"肯定了董仲舒将儒学理论付诸实践的历史意义。徐复观非常重视董仲舒的仁义思想，他说："仲舒发挥《春秋》仁义之旨，而参以己意，用心恳笃，切近政治人生，欲有以求救其偏弊。即在现在，仍富有极大启发性，而又未尝违反先秦儒家本义的，莫要于以《仁义法》第二十九，但在他的整个思想中，发生影响最小，甚至不曾发生影响的，也是这一篇。"先儒多从政治哲学角度解读董仲舒的思想，却忽视了其《仁义法》

一章所阐发的儒家仁义理论，而徐复观对此却颇为推崇和重视。

哲学家、哲学史家张岱年说："仁是爱人，这是孔子所说；义是正我，这是董氏的创见，与《易传》《荀子》关于义的解说正相反。董子所谓'仁之为言人也，义之为言我也'从文字学来说是错误的，但他所谓'以仁安人、以义正我'，却有精湛的含义。"肯定了董仲舒仁义思想的独创性和深刻含义。

很多学者从不同角度阐发董仲舒的历史地位和作用。董学大家北京师范大学教授周桂钿教授用一副对联概括了董仲舒一生的功业："上承孔子，下启朱熹，始推阴阳，为群儒首；前对汉武，后相江都，初倡一统，罢百家书。"周桂钿教授将董仲舒定位为"盛世思想家"，他说："孔子生于乱世，朱子生于末世，只有董子生于盛世。董子在'对策'《春秋繁露》中讲了很多盛世的社会问题，包括政治问题、经济问题、文化教育问题，对于我们现在都特别有借鉴意义。"

美国夏威夷大学哲学系教授成中英认为："董仲舒的思想，体现了自然主义哲学的政治化和道德化，其对儒家建立政制、形成对政治权威的深刻控制，产生了莫大的影响。即便到了宋明，这种业已形成的制度也依然保持其控制力，宋明理学中更为理性化的人道思想，亦不能与之脱开干系。"董仲舒思想对于宋明理学的影响极为深远。

人民出版社编审，著名汉代思想史专家金春峰称："天人三策，辉煌政论照千古；春秋繁露，治国安民得人心。""正其谊，不谋其利，一身正气撼天地；明其道，不计其功，潜心著述育后人。"高度赞扬董仲舒的正谊明道，一身正气。

河北省社科院研究员王永祥说："董仲舒是汉代的第一大

儒，封建社会理论大厦的设计师和建筑师，封建社会初期的有建树的思想家，同时，他还是汉代的第一大教育家。"肯定董舒在汉代儒学和教育方面的成就。

上海交通大学教授，中华孔子学会董仲舒研究委员会会长余治平曾经做过一个比喻，他说："在中国儒学史上，有三大巨擘：孔子、董仲舒和朱熹。如果说，孔子是中国文化的总设计师，那么，董仲舒就是中国文化的总建造师，而朱熹则是中国文化的总装潢师。"这个比喻非常形象，恰当地说明了董仲舒在中国文化史中承前启后的地位和作用。余治平教授指出："董仲舒的思想广博而深邃，具有极强的穿透力和深远的影响力，'说不完的董仲舒'永远值得后人做进一步的挖掘和研究。"

中山大学教授李宗桂从四个方面高度总结了董仲舒的贡献："在中国政治史、中国思想史、中国文化史乃至中国哲学史上，董仲舒都有非常重要的地位和作用：他构建了封建社会新型的思想文化价值体系；构建了礼法结合的治国方略；完成了思想统一；构建形成了政治家和思想家合作的传统。"

浙江省社科院研究员吴光教授不吝笔墨，高度赞扬董仲舒："厚德轻刑，省徭薄赋，上承孔孟下启百代，行儒家仁政德教治国正方略；举纲定常，变政更化，远追周公近绍荀卿，兼诸子改革维新理政大智慧。伟哉董子！"

中国孔子研究院院长、教授杨朝明认为："《春秋》大义明汉世，孔孟之道耀中华。"董仲舒发明《春秋》大义，推明孔孟之道。

安徽大学教授钱耕森说："董仲舒所提出的'罢黜百家，独尊儒术'，对儒学的发展，显然起到了承前启后、继往开来的重大作用。所以说，他是儒学史上的一座里程碑，一座丰碑，他开启了儒学发展史上的一个新阶段，他是第二阶段或者第二期的儒学即汉儒的最早、最大的代表人物。"肯定了董仲舒在儒学发展史上的重要地位。

台湾辅仁大学教授陈福滨称董仲舒是："中国文化的建造师，直可敬称之为东道孔子！"

中国人民大学教授韩星称董仲舒："精思阐道成一代醇儒，发愤潜心铸千秋大业。"韩星教授认为董仲舒的汉代儒学虽然与先秦儒学有很大差异，但是"董仲舒总的来讲还是一位大儒，因为他的天人关系是以人文理性为本质特征的，最终目标是欲重建道德理想和伦理秩序，于是就形成了'中国式的道德精神'，影响了中国文化的基本精神。"

日本北九州大学教授邓红评价董仲舒："独尊儒术，君权神授，屈民伸君，上贤良三策应国是；天人合一，阴阳五行，正谊明道，著繁露治狱传万代。"他认为："作为春秋学者董仲舒的最大功绩，在于他将《春秋经》的作者儒家的创始者孔子抬高到了儒教教主的地位。从思想上而言，醒悟到了'天'是儒教的至高无上的神祇哲学本体，从而使春秋公羊学获得了丰富的哲学内容。从政治上而言，以孔子为儒教教主，确定包含《春秋》经、《传》的六经为治国大纲。"

中国社会科学院教授马勇评价："他是先秦思想的集大成者，是'旧时代'的最后一位思想巨匠。另一方面，董仲舒又是'新时代'统治阶级意识形态的建构者，他立足于现实的前提，适时提出罢黜百家、独尊儒术的建议，在意识形态领域至少在形式上完成了统一意识形态的历史任务，显然有助于刚刚建立起来而在此后持续二千余年的中央集权的政治体制。在这个意义上说，董仲舒又属于'新时代'的第一位思想巨匠。"

四川大学教授舒大刚正确解读"罢黜百家，独尊儒术"这句话："董仲舒'抑黜百家'，不是简单地否定百家，而是充分地吸收和挖取对方的精华，使百家失去存在的价值；董仲舒'推明孔氏'，是取百家之长以完善儒学，使儒学达到善美兼具的境地。"为长期以来被误读的董子思想正本清源。

台湾政治大学名誉教授、国际儒联副理事长董金裕称赞董仲舒重视教化，称其"崇儒重教，固本培元"。

关于董子思想的现代意义和价值，中国人民大学国学院教授黄朴民说："董仲舒学说的时代精神，首先集中体现为他汲汲于对儒学理论的重振与创新，使之从文化儒学转型为政治儒学，基本完成了儒学与汉代政治生活之间的有机结合，为儒学在思想界独尊地位的确立，成为国家政治生活中的统治思想奠定了基础。"

四川师范大学教授黄开国重视从经学角度解读董仲舒的思想，他说："在'春秋公羊学'的发展史上，《公羊传》为'春秋公羊学'的发展提供了文本的依据，而董仲舒则奠定了发明微言的基石。由董仲舒对微言的发明，才奠定了'春秋公羊学'理论的基本特色。"

衡水学院董子学院教授，河北省董仲舒研究会会长李奎良给予董仲舒高度赞扬，认为董仲舒为人类文化作出了巨大贡献，希望董子思想能发扬光大，造福当代，他说："董仲舒不仅是教育家、经学家、思想家，同时他又是汉代社会制度的设计师；董仲舒不仅是中国历史文化名人，他也是世界历史文化名人。"

参 考 文 献

（一）著作类

司马迁：《史记》，北京：中华书局，1959 年。

班固：《汉书》，北京：中华书局，1999 年。

杨伯峻：《孟子译注》，北京：中华书局，1960 年。

杨伯峻：《论语译注》第 2 版，北京：中华书局，2017 年。

钱穆：《论语新解》，北京：九州出版社，2011 年。

王先谦：《荀子集解》，沈啸寰、王星贤点校，北京：中华书局，2015 年。

朱熹：《四书章句集注》，北京：中华书局，1983 年。

许慎：《说文解字注》，段玉裁注，上海：上海古籍出版社，1988 年。

孙希旦：《礼记集解》，北京：中华书局，1989 年。

杨伯峻：《春秋左传注》修订版，北京：中华书局，1990 年。

刘尚慈：《春秋公羊传译注》，北京：中华书局，2010 年。

王肃：《孔子家语》，北京：中华书局，2016 年。

苏舆：《春秋繁露义证》，钟哲点校，北京：中华书局，1992 年。

袁长江：《董仲舒集》，北京：学苑出版社，2003 年。

阎丽：《董子春秋繁露译注》，哈尔滨：黑龙江人民出版社，

2003 年。

钟肇鹏：《春秋繁露校释（校补本）》，石家庄：河北人民出版社，2005 年。

曾振宇注说：《春秋繁露》，郑州：河南大学出版社，2009 年。

赖炎元：《春秋繁露今注今译》，台北：台湾商务印书馆股份有限公司，2010 年。

曾振宇、傅永聚：《春秋繁露新注》，北京：商务印书馆，2010 年。

张世亮、钟肇鹏、周桂钿译注：《春秋繁露》，北京：中华书局，2012 年。

华友根：《董仲舒思想研究》，上海：上海社会科学院出版社，1992 年。

王永祥：《董仲舒评传》，南京：南京大学出版社，1995 年。

黄朴民：《天人合一：董仲舒与汉代儒学思潮》，长沙：岳麓书社，1999 年。

曾振宇、范学辉：《天人衡中：〈春秋繁露〉与中国文化》，郑州：河南大学出版社，1998 年。

赖美琴：《韩非与董仲舒政治哲学研究》，广州：广东人民出版社，2000 年。

张鸣岐：《董仲舒教育思想研究》，北京：人民教育出版社，2000 年。

余治平：《唯天为大：建基于信念本体的董仲舒哲学研究》，北京：商务印书馆，2003 年。

金春峰：《汉代思想史》第 3 版，北京：中国社会科学出版社，2006 年。

许雪涛：《公羊学解经方法：从〈公羊传〉到董仲舒春秋学》，广州：广东人民出版社，2006 年。

张实龙：《董仲舒学说内在理路探析》，杭州：浙江大学出版社，2007 年。

刘国民：《董仲舒的经学诠释及天的哲学》，北京：中国社会科学出版社，2007 年。

周桂钿：《董学探微》第 2 版，北京：北京师范大学出版社，2008 年。

邓红：《董仲舒思想研究》，台北：文津出版社有限公司，2008 年。

[美] 桂思卓（Sarah A. Queen）：《从编年史到经典：董仲舒的春秋诠释学》，朱腾译，北京：中国政法大学出版社，2010 年。

马勇：《董仲舒评传》，北京：中国社会科学出版社，2010 年。

彭华：《阴阳五行研究（先秦篇）》，长春：吉林人民出版社，2011 年。

周桂钿：《董仲舒研究》，北京：人民出版社，2012 年。

汪高鑫：《董仲舒与两汉史学思想研究》，北京：商务印书馆，2012 年。

张祥龙：《据秦兴汉和应对佛教的儒家哲学：从董仲舒到陆象山》，桂林：广西师范大学出版社，2012 年。

栗玉仕：《儒术与王道：董仲舒伦理政治思想研究》，北京：中国社会科学出版社，2012 年。

余治平：《董子春秋义法辞考论》，上海：上海书店出版社，

2013 年。

　　崔涛：《董仲舒的儒家政治哲学》，北京：光明日报出版社，
2013 年。

　　吴龙灿：《天命、政治与伦理：董仲舒政治哲学研究》，北
京：人民出版社，2013 年。

　　聂春华：《董仲舒与汉代美学》，桂林：广西师范大学出版
社，2013 年。

　　张立文：《天人之辨：儒学与生态文明》，北京：人民出版
社，2013 年。

　　方朝晖：《“三纲”与秩序重建》，北京：中央编译出版社，
2014 年。

　　徐广东：《三纲五常的形成与确立——从董仲舒到〈白虎
通〉》，哈尔滨：黑龙江大学出版社，2014 年。

　　周桂钿：《秦汉思想史（上）》，福州：福建教育出版社，
2015 年。

　　楼宇烈：《中国文化的根本精神》，北京：中华书局，2016
年。

　　林聪舜：《儒学与汉帝国意识形态》，北京：北京世纪文景
文化传播有限责任公司，2017 年。

　　鲁惟一：《董仲舒："儒家"遗产与〈春秋繁露〉》，戚轩铭、
王珏、陈颢哲译，香港：中华书局，2017 年。

　　曾亦、黄铭：《董仲舒与汉代公羊学》，上海：上海人民出
版社，2017 年。

　　（二）论文类

　　田建荣：《中国考试思想史研究》，厦门大学博士论文，

2001 年。

木蒂达：《先秦儒家"义利之辩"思想探析》，四川大学硕士论文，2003 年。

刘成纪：《汉代美学中的身体问题》，武汉大学博士论文，2005 年。

郭海燕：《汉代平民教育研究》，山东大学博士论文，2011 年。

李健胜：《〈论语〉与现代中国》，陕西师范大学博士论文，2012 年。

黄铭：《董仲舒春秋学研究》，复旦大学博士论文，2013 年。

范正娥：《两汉太学研究》，华中师范大学硕士论文，2004 年。

尹晓彬：《论董仲舒皇权制衡思想及其伦理形态特征》，西南师范大学硕士论文，2005 年。

花琦：《董仲舒治道思想研究》，重庆师范大学硕士论文，2007 年。

马睿：《董仲舒〈春秋繁露〉研究》，山东师范大学硕士论文，2008 年。

张举英：《董仲舒〈天人三策〉研究》，山东大学硕士论文，2008 年。

刘强：《两汉时期"春秋决狱"研究》，兰州大学硕士论文，2010 年。

周贝利：《董仲舒的经权伦理思想探微》，山东师范大学硕士论文，2011 年。

丰瑞：《论先秦儒墨两家的政治人才观》，中国政法大学硕士论文，2011 年。

王瑞卿：《〈春秋繁露〉与〈法言〉的比较研究》，山东师范大学硕士论文，2012 年。

乔晶：《〈春秋繁露〉养生哲学研究》，曲阜师范大学硕士论文，2012 年。

葛广洗：《董仲舒的天道观探析》，山东师范大学硕士论文，2012 年。

安文强：《董仲舒正名思想研究》，湖北大学硕士论文，2014 年。

路高学：《董仲舒王权合法性理论研究》，河南大学硕士论文，2015 年。

杨昭：《"奉天法古以续王道"——董仲舒天人关系思想体系的构建》，西北大学硕士论文，2016 年。

姜辛：《董仲舒吏治思想研究》，沈阳师范大学硕士论文，2016 年。

秦奕：《董仲舒〈天人三策〉中所见政治思想研究》，河北师范大学硕士论文，2017 年。

贾福闯：《董仲舒〈贤良对策〉研究》，湘潭大学硕士论文，2018 年。

田红：《汉代官吏考课制度研究》，兰州大学硕士论文，2018 年。

郝祥莉：《董仲舒"天人关系"视域下的"名号"思想研究》，吉林大学硕士论文，2018 年。

刘恺：《先秦儒家人生境界思想研究》，河北师范大学硕士论文，2019 年。

崔艳娟：《法天命而循人事》，山东大学硕士论文，2019 年。

柳岸：《董仲舒音乐美学思想初探》，《湖南师大社会科学学报》1988 年第 2 期。

李宗桂：《论董仲舒的天人思想及其文化史意义》，《天津社会科学》1990 年第 5 期。

李宗桂：《董仲舒道德论的文化剖析》，《孔子研究》1991 年第 3 期。

李宗桂：《董仲舒人性论析要》，《齐鲁学刊》1992 年第 5 期。

张如珍：《汉代儒学奠基人——董仲舒的教育思想》，《西北师大学报（社会科学版）》1993 年第 4 期。

赵伯雄：《从〈春秋繁露〉看董氏〈春秋〉学》，《南开学报》1995 年第 1 期。

王永祥：《董仲舒的天论再探》，《河北学刊》1995 年第 4 期。

林少雄：《中国服饰文化的深层意蕴》，《复旦学报（社会科学版）》1997 年第 3 期。

徐克谦：《论作为思维方式的"无为"》，《晋阳学刊》1998 年第 1 期。

范学辉：《〈春秋繁露〉与儒学君道观的形成》，《齐鲁学刊》1998 年第 2 期。

李振纲：《董仲舒思想五题》，《河北学刊》1999 年第 1 期。

张峰屹：《董仲舒"〈诗〉无达诂"与"中和之美"说探本》，《南开学报》2000 年第 1 期。

曾振宇：《法天而行"：董仲舒天论新识》，《孔子研究》2000 年第 5 期。

周桂钿：《义利之辨》，《福州大学学报（哲学社会科学版）》

2001 年第 1 期。

周桂钿：《董仲舒天人感应论的真理性》，《河北学刊》2001 年第 3 期。

田海舰：《董仲舒教化思想探析》，《河北大学成人教育学院学报》2001 年第 4 期。

黄开国：《董仲舒〈公羊〉学方法论》，《哲学研究》2001 年第 11 期。

曹树明：《董仲舒的仁义观》，《河北科技大学学报（社会科学版）》2002 年第 4 期。

余治平：《董仲舒的祥瑞灾异之说与谶纬流变》，《吉首大学学报（社会科学版）》2003 年第 2 期。

李耀南：《尊君与屈君——董仲舒之天的二重功能》，《孔子研究》2004 年第 4 期。

辛达海：《论儒家恕道精神的当代价值》，《社会科学辑刊》2005 年第 1 期。

刘国民：《"间距化"——论董仲舒对〈春秋〉、〈公羊传〉的解释》，《孔子研究》2005 年第 5 期。

余治平：《董仲舒仁义之学的特殊性》，《北京青年政治学院学报》2006 年第 1 期。

刘国民：《过度诠释——论董仲舒解释〈春秋〉、〈公羊传〉之目的》，《首都师范大学学报（社会科学版）》2006 年第 4 期。

高春菊：《独以寒暑不能成岁，独以威势不能成政——董仲舒社会教化思想研究》，《衡水学院学报》2007 年第 3 期。

顾久：《先秦诸子语言使用的层次问题》，《贵州文史丛刊》2007 年第 4 期。

曹迎春、董丽君：《论董仲舒的教师观》，《衡水学院学报》2007 年第 5 期。

成云雷：《先秦儒学中的圣人之德与圣人之位——以秩序建构为中心》，《哲学研究》2007 年第 12 期。

陈斯怀：《儒、道、法三家的"无为"政治思想》，《燕赵学术》2008 年第 1 期。

林先建：《董仲舒华夷之辨思想探析》，《衡水学院学报》2009 年第 2 期。

余治平：《董仲舒阴阳思想论》，《衡水学院学报》2009 年第 3 期。

余治平：《董仲舒五行学说论》，《衡水学院学报》2009 年第 5 期。

余治平：《董仲舒对阴阳五行之学的整合》，《衡水学院学报》2009 年第 6 期。

王钧林：《董仲舒对儒家仁学的创新与发展》，《济南大学学报（社会科学版）》2009 年第 6 期。

刘国民：《董仲舒对〈春秋〉"灾异"的诠释》，《衡水学院学报》2010 年第 6 期。

李幸长：《董仲舒〈春秋繁露·王道篇〉诠释》，《齐鲁文化研究》2011 年第 1 期。

黄开国：《董仲舒"贵元重始说"新解》，《哲学研究》2012 年第 2 期。

吴晓番：《正名思想的历史衍化与哲学意蕴》，《思想与文化》2012 年第 2 期。

李奎良、曹迎春：《正义 正我 正民——董仲舒廉政思想解读》，《衡水学院学报》2012 年第 3 期。

张树业：《"三代改制质文"的政治哲学意蕴——董仲舒文质论的理论渊源与历史效应》，《衡水学院学报》2013 年第 3 期。

黄开国、荀奉山：《董仲舒的人性学说并非是"中民之性"》，《衡水学院学报》2013 年第 6 期。

周兵：《〈天人三策〉思想及价值新探》，《衡水学院学报》2014 年第 2 期。

黄晓军：《董仲舒天人架构王道政治哲学新解》，《人文杂志》2014 年第 3 期。

秦进才：《董仲舒"正其谊不谋其利，明其道不计其功"管窥》，《衡水学院学报》2014 年第 3 期。

陈来：《汉代儒学对"仁"的理解及其贡献》，《船山学刊》2014 年第 3 期。

曹迎春：《董仲舒生态思想研究》，《衡水学院学报》2014 年第 3 期。

韩星：《王道通三——董仲舒的王道观与政治理想》，《江汉论坛》2014 年第 10 期。

肖红旗：《董仲舒的"阳德阴刑"思想》，《衡水学院学报》2015 年第 2 期。

蒋重跃：《辩证发展观在古代中国的觉醒——道儒两家以"反"为主题的理论探索》，《南京大学学报（哲学·人文科学·社会科学）》2015 年第 5 期。

王琦、朱汉民：《"政者正也"析论》，《湖南大学学报（社会科学版）》2015 年第 5 期。

韩星：《董仲舒天人关系的三维向度及其思想定位》，《哲学研究》2015 年第 9 期。

余治平：《董仲舒与武帝选官制度改革》，《中共宁波市委党校学报》2016 年第 1 期。

季桂起：《论〈楚庄王第一〉在〈春秋繁露〉中的地位及作用》，《山东师范大学学报（人文社会科学版）》2016 年第 2 期。

刘媛媛：《慎思：先秦儒家的道德认识论研究》，《社会科学研究》2016 年第 2 期。

梁晓东：《论董仲舒〈士不遇赋〉中的士人处世之道》，《甘肃高师学报》2016 年第 4 期。

孙慧明：《董仲舒"明师"观及其启示》，《教育探索》2016 年第 8 期。

李英华：《董仲舒对西汉初年时代问题的思想探索》，《当代中国价值观研究》2016 年第 5 期。

白延辉：《董仲舒对黄老道家价值理念的吸收融合》，《当代中国价值观研究》2016 年第 5 期。

黄允仁：《〈春秋繁露·玉杯〉之"善善恶恶"辨义——兼论董仲舒人性论的融贯性》，《衡水学院学报》2016 年第 6 期。

吴锋：《董仲舒"天人理论"对汉代政治合法性的构建》，《衡水学院学报》2016 年第 6 期。

李宗桂：《从"调均"看中国文化的优秀传统》，《哲学研究》2016 年第 8 期。

韩星：《霸王之道，皆本于仁——经学视野下董仲舒的仁政王道思想》，《中国儒学》2016 年第 11 辑。

曹婉丰：《先秦秦汉儒家革命思想变迁》，《中国哲学史》2017 年第 2 期。

彭华：《儒家忧患意识述论》，《江苏科技大学学报（社会科学版）》2017年第2期。

秦进才：《董仲舒限田思想再探》，《衡水学院学报》2017年第2期。

涂可国：《儒道互补中的荀子诚信伦理——荀子道德哲学研究之四》，《邯郸学院学报》2017年第3期。

任蜜林：《从本体论到工夫论：董仲舒的气论思想》，《中国社会科学院研究生院学报》2017年第4期。

肖群忠、霍艳云：《董仲舒"德莫大于和"思想探析》，《伦理学研究》2017年年第4期。

王刚：《"〈春秋〉无达辞"的知识生成与董仲舒的〈春秋〉"辞论"》，《衡水学院学报》2017年第5期。

何大海：《试论董仲舒"无为"思想的四个维度》，《孔子研究》2018年第1期。

邓红：《〈春秋繁露〉五行说辨》，《管子学刊》2018年第1期。

王博：《天人之学的自然哲学根基——"十天端"架构中的董仲舒阴阳五行学说》，《衡水学院学报》2018年第2期。

季桂起：《从〈玉杯〉看儒家政治伦理思想与〈春秋〉记史原则》，《德州学院学报》2018年第3期。

赵瑞军：《董仲舒民本思想研究》，《德州学院学报》2018年第3期。

崔锁江：《董仲舒天子思想及其与皇帝制度的关系》，《当代中国价值观研究》2018年第3期。

刘国民：《董仲舒之"三统"说——兼论"天不变，道亦不变"》，《衡水学院学报》2018 年第 4 期。

孟祥才：《古代学人评董仲舒述论》，《孔子研究》2018 年第 4 期。

张绪山：《"汤武革命论"与中国传统政治伦理》，《史学月刊》2018 年第 4 期。

余治平：《天人感应的发生机理与运行过程——以〈春秋繁露〉、"天人三策"为文本依据》，《衡水学院学报》2018 年第 5 期。

陈福滨：《董仲舒人性论探究》，《衡水学院学报》2018 年第 6 期。

郑朝晖：《论董仲舒的"馀义"言说》，《中山大学学报（社会科学版）》2019 年第 2 期。

李宗桂：《董仲舒思想历史作用之我见》，《衡水学院学报》2019 年第 2 期。

朱雷：《"孔子为王"与今文学的王者批判》，《哲学动态》2019 年第 6 期。

李宗桂：《董仲舒儒学的精神方向》，《衡水学院学报》2019 年第 5 期。

朱康有：《董仲舒对〈春秋〉的意识形态转换》，《衡水学院学报》2019 年第 5 期。

李英华：《董仲舒"更化则可善治"探析——西汉立国七十年的历史反思与理论探索》，《衡水学院学报》2019 年第 6 期。

李宗桂：《从"更化"看中国文化的革新精神——以"调均"思想为例》，《儒学评论》2019 年第 13 辑。

代春敏、白立强：《生态文明视阈下的董仲舒天人哲学及其现代价值》，《衡水学院学报》2020 年第 2 期。

后　记

　　董仲舒是中国古代著名的思想家、教育家，在汉代被奉为"群儒首""儒者宗"。他传承和发展了先秦儒家思想，实现了儒家思想与秦以后社会政治经济制度的整合，开创了两千年来以儒家思想为主流思想的中华文化格局。

　　作为董子故里的一所本科院校，衡水学院始终将传承与弘扬董子文化作为我们义不容辞的责任与担当。多年来，打造了"一栏一坛、两会两院"的董学研究、交流平台。"一栏"，就是《衡水学院学报》"董仲舒与儒学研究"专栏，该专栏自 2007 年开辟以来，名家云集，至今已发表 300 多篇高水平的文章，在学界和期刊界享有盛誉；"一坛"，就是董子讲坛，自 2015 年开坛以来，已经推出了 40 余场高端文化盛宴，传播董学最新的前沿成果；"两会"，就是"中华孔子学会董仲舒研究委员会"和"河北省董仲舒研究会"，这两个研究会秘书处都设在衡水学院，是董学研究者共同的学术家园；"两院"，就是"董子学院"和"董仲舒思想国际研究院"。2015 年我校成立海内外首家董子学院；2018 年又成立了"董仲舒思想国际研究院"，着力推进董学研究国际化，该事件入选教育部改革开放四十年"中国高等教育成就精品展"。

　　除此之外，我校近年来还举办高端学术会议十余次，出版董学研究文库十辑、《董学新论》丛书两部，董学研究国家社科基金项目获得重大突破，与上海交通大学董学研究合作项目也已立项启动。董学研究直线升温，董学事业全方位推进！

我校在推动董学事业中做出的成绩，广受各界瞩目。中央电视台在 2018—2019 年，连续两年为衡水董学事业的成就拍摄专题片；衡水电视台为我校董子学院拍摄了三个专题片进行宣传；《人民日报》（海外版）、《光明日报》、光明网、《北京日报》、《河北日报》等重要媒体，多次以大篇幅报道我校在推动董学事业中做出的骄人成绩。

近年来，我校根据"立足衡水办大学，服务社会谋发展"的办学宗旨，积极参与地方文化建设，在很多衡水文化建设项目中留下了衡水学院的印记。在"十四五"规划开局之年，我校将继续深入探索"服务地方，引领地方"的新途径、新方法，坚持以贡献求支持、以支持求发展，建设一流应用技术大学。

为推动董子文化传播普及、落地生根，我校董子学院的老师们积极承担衡水市政协"儒学复兴从衡水走来"系列课题，《董仲舒思想通解》便是研究成果之一。该书面向党员干部、社会大众，紧扣时代之需，挖掘董子思想的现代价值，是我校创新服务地方形式的积极探索，也是科研成果本土化、大众化的有益尝试。

衡水学院党委书记 王守忠

2021 年 2 月 5 日